알고보면 더욱 재미있는, 선조들의 지혜가 깃든

문화유산 속 풍수지리

문화유산 속 풍수지리

초판인쇄　2022년 10월 20일
초판발행　2022년 10월 26일

지은이　김려중
발행인　조현수
펴낸곳　도서출판 프로방스
기획　조용재
마케팅　최관호, 최문섭
교열 · 교정　이승득

주소　경기도 고양시 일산동구 백석2동 1301-2
　　　　넥스빌오피스텔 704호
전화　031-925-5366~7
팩스　031-925-5368
이메일　provence70@naver.com
등록번호　제2016-000126호
등록　2016년 06월 23일

정가 20,000원
ISBN 979-11-6480-256-2 (03380)

알고보면 더욱 재미있는, 선조들의 지혜가 깃든

문화유산 속
풍수지리

김려중 지음

프로방스

　저자 김려중 박사로부터 새로운 저서를 출간하게 되었다는 소식을 듣고 평소 쉬지 않고 학문 연구에 정진하고 있음은 알고 있었으나 새삼 기쁘고 감사한 마음이 들어 주저 없이 추천의 글을 쓰게 되었다. 풍수사상은 이른 시기 한국이나 중국에서 대표적인 인문학 사상이었으나 작금은 술수처럼 생각하는 경향이 있는데 김 박사의 저서는 풍수를 이해시키는데 일조하리라 생각되어 그 의의가 크다 하겠다.

　김 박사와의 인연은 내가 대학에 재직할 때 학교 건물에 있는 은행의 지점장으로부터 시작되었다. 그때에도 김 박사는 자리에 앉아 도장만 찍지 않고 언제나 분주히 움직이며 고객에 서비스하는 자세를 가지고 있었고, 은행이 학교 장학사업에 큰돈을 기부하는데도 앞장서 주어서 자연히 존경과 친밀감을 갖게 되었다. 퇴직 후에는 대학원에 진학하여 풍수 연구에 진력하였는데 석사논문을 보니 풍부한 인문학적 소양, 유려하고 정확한 문장력이 국문학도를 능가할 지경이어서, 국어학자이면서 30여 년 풍수를 연구한 필자와 뜻이 맞아 본교의 박사과정에 진학하도록 설득해 인연을 맺게 되었다.

김 박사의 논문과 저서는 일관되게 좋은 땅을 찾아 발복을 바라기보다는 조금 부족한 땅, 자연적 조건이 미흡한 땅도 보완하여 인간과 자연의 조화를 이루려는 비보풍수에 집중되고, 현장답사를 중시하여 실로 생생하게 살아 있음을 느끼게 한다. 연구실에서 현장답사에서 같이 연구하고 토론하던 작업은 지금도 필자에게 좋은 추억으로 남아 있다.

김 박사의 비보풍수에 관한 일관된 연구는 논문과 저서에 잘 나타나 있다. 석사학위 논문에서는 비보풍수의 기원과 역사, 유형별 사례를 구체적으로 제시하였고, 박사학위 논문에서는 한국의 비보 지명에까지 연구를 확대하여 국어학과 풍수학을 연계시키는 획기적인 업적을 이루기도 하였다. 또한 학위논문과 현장답사에서 얻어진 학문적 결과물을 《한국의 비보풍수》라는 저서를 발간하여 완결하였다.

이번에 발간되는 저서 《문화유산 속 풍수지리》는 우리 문화유적 속에 깃들어 있는 풍수이야기들을 쉽고 재미있게 읽을 수 있도록 한 수필 형식의 기행문인데, 제1장에서는 산과 인물의 관계, 제2장에서는 주로 비보풍수에 관한 얘기를 전국을 손수 돌며 쉽고 재미있게 풀어쓴 내용으로 되어 있다.

김 박사의 연구와 풍수에 대한 관심은 앞으로도 계속 이어질 것이고 또한 그렇게 되기를 기대한다. 대학에서 후학을 양성하는 일에도 더욱 진력하여 좋은 인재를 길러내는데도 일조하기를 바란다.

선문대학교 명예교수 문학박사

김 병 균

들어가며

인간은 본질에 있어서 자연의 일부라고 할 수 있다.
자연 속에서 자연과 더불어 살아가며 자연의 영향에서
벗어날 수 없다.
비단 날씨뿐 아니라 땅의 기운도 마찬가지이다.
자연과 함께 호흡하고 자연과 조화를 이루며 살아가야 한다.

　풍수지리 사상은 우리 선조들의 삶 속에 깊이 뿌리내리고 있었던
신앙에 가까운 믿음이자 삶을 풍요롭게 해 주었던 전통 환경 사상
이다. 조선시대에 들어서며 국교인 유교의 효 사상과 습합 되어 묏
자리나 잡는 음택풍수로 경도되고, 이것이 풍수지리학의 전부인 양
왜곡되었으며 미신으로 치부되기도 하였다. 그러나 풍수는 환경적
으로 인간이 살아가기에 적합한 조건의 땅을 찾는 전통 환경 구성
원리이자, 자연과의 조화를 모색하며 살아온 우리 조상들의 지혜가

응축된 자연생태학이다. 우리 선조들은 일찍이 산의 형세와 물길의 위치, 방위에 따라 바람이 드세거나 잔잔하다는 사실을 생활 속에서 경험으로 체득했던 것이다. 풍수는 술수나 미신이 아닌 틀림없는 경험 과학인 셈이다.

인간은 그 본질에 있어서 자연과 다르지 않다. 인간과 자연은 마치 자식과 부모의 관계와도 같아서 인간은 자연의 심신 성정을 온전히 닮아간다. 그러므로 우리 인간은 자연과 조화를 이루면서 자연에 순응해 살아가야 한다. 이것이 동양 사상의 주류인 순천 사상이며 풍수지리 사상의 출발점이다.

풍수지리학은 기, 즉 지기에 관한 학문이다. 기란 바람처럼 눈에 보이지도 손에 잡히지도 않으면서 우주 만물을 움직이는 그 어떤 근원적인 힘으로, 우리의 삶에 지대한 영향을 미친다. 지기 즉 풍수도 마찬가지이며 주위의 자연환경이 우리의 사고와 행동에 영향을 미친다.

    풍수는 동서고금을 막론하고 인간의 삶을 지배하는 중요한 요소로서 우리 선조들은 이를 적극 활용해 왔다. 오늘날은 합리를 추구하는 서양에서도 실생활에 크게 활용하고 있는 생활 과학이다.

    오랜 세월 우리 민족의 의식과 생활을 지배하며 면면이 이어져 온 풍수는 우리 생활 곳곳에 크게 영향을 미쳤고, 선조들의 숨결이 깃든 다양한 풍수 문화유산들이 전해져 온다. 고택·사찰·왕릉뿐 아니라 돌탑·장승·지명에 이르기까지 광범위하게 전해 내려오는 문화유산 속에는 한결같이 풍수사상이 스며있다. 이 책에서는 여러 유형의 문화유산이 가지는 고유의 가치와 의미, 그리고 그 속에 녹아있는 풍수 이야기를 찾아내 엮었다.

산업화·도시화·과학화로 풍수지리학에 대한 일반의 부정적 인식이 커가고 있는 안타까운 상황에서 선조들의 삶의 지혜가 투영된 소중한 문화유산들도 점점 그 참 가치를 잃어가고 있다. 온고이지신(溫故而知新)이라고 과학화·합리화란 기준으로만 재단하려 하지 말고, 풍수라고 하는 전통 환경 사상에 대한 재조명이 필요한 시점이 아닌가 생각한다. 옛것을 익히고 그것을 통해 새것을 알 수 있다고 하지 않았는가?

그리하여 우리 고유의 문화유산들을 새롭게 인식함은 물론, 풍수가 우리의 실생활에 널리 활용되는 실질적인 학문으로 거듭났으면 한다. 우리의 삶터를 안락하고 편안하게 유지시켜 줄 수 있는 민속 문화자산으로서 풍수지리학은 길이 보존·계승되어야 할 것이다.

2022년 10월 한국비보풍수연구소에서…

김 려 중

차 례

추천의 글 • 4

들어가며 • 8

제1장 | 인걸지령(人傑地靈)이라 산천의 정기는 큰 인물을 잉태하고…

문필봉 아래에서는 큰 인물이, 노적봉 밑에서는 큰 부자가 난다.

1. 충절의 피가 흐르는 장흥 고씨 가문 - 의병장 고경명 삼부자 • 19
2. 쌍봉산 아래에서는 쌍둥이가 난다? - 여수 중촌마을의 신비 • 29
3. 남강의 솥바위(鼎巖) 주위에서 탄생한 대한민국 대표재벌
   - 삼성·엘지·효성그룹 • 36
4. 잉태지의 기운이 좋아야 큰 인물이 난다
   - 춘천 서면과 임실 삼계면의 박사마을, 고 육영수 여사 생가 • 47
5. 남종화의 성지 운림산방
   - 양천 허씨 일가 5대, 소치에서 미산·남농으로… • 55
6. 고산 윤선도의 고택 녹우당과 엄청난 기(氣)가 느껴지는 절, 해남
   대흥사 • 62
7. 고구려 시대에도 확실히 풍수는 있었다
   - 다시 쓰는 풍수사(風水史) • 71
8. 제주의 자연을 닮은, 제주 유배길에서 완성된 김정희의 추사체 • 79
9. 민족의 젖줄, 한강의 발원지를 찾아서 – 태백 검룡소(儉龍沼) • 88
10. 5형제가 나란히 과거에 급제한 육부자등과지처
    - 의성 김씨 종택 • 94

11. 서·남해안 지방에 남아있는 독특한 장례문화
  - 선유도와 청산도에서 만난 초분(草墳) · 102

제2장 | 풍수무전미(風水無全美) - 미흡한 땅은 고쳐 써야 …

풍수는 인간이 살아가기에 적합한 땅을 찾되, 자연적 조건의 미흡함은
보완하여 인간과 자연의 조화를 추구하는 전통 환경 사상이다.

1. 앵무새 명당 송가인 고향마을의 비보지명
  - 여기산·귀성·장구포·북마을… · 110
2. 이야기 속 신화가 살아 숨 쉬는 곳
  - 운주사 천불천탑·쌍봉사 대웅전·나주 동문 밖 석당간 · 117
3. 태종과 하륜이 궁궐을 짓고자 했던 안산 자락의 비보지명
  - 부아악(負兒岳)·무악(毋岳)·떡전고개(餠塵峴)·벌아령(伐兒嶺) · 127
4. 숙적 일본을 견제하려 했던 호국 비보사찰, 지리산 실상사 · 135
5. 어금혈봉표(御禁穴封表)! 아무도 이곳에 무덤을 쓰지 말라
  - 윤보선 대통령 집안도 암장했다 · 143
6. 삼척의 해신당과 척주동해비 · 153
7. 과거를 엿볼 수 있는 낙안읍성과 조정래를 낳은 선암사 · 160
8. 한국 정신문화의 수도 안동, 그리고 600년 전통의 하회마을 · 169

9. 음기가 강한 마을에 세워지는 남근석(男根石)

    - 정읍 원백암 남근석 • 178

10. 해미읍성의 사방에 세워진 돌미륵 - 지세의 허결을 보완 • 185

11. 한양 성곽의 사대문과 사소문,

    지네형 산세의 창의문 밖 통닭집 • 194

12. 땅 이름에서도 위안을 받았던 선조들의 지혜

    - 여주시 강천면 가마섬 • 204

제3장 | 풍수 침략

일제 침략 36년은 우리의 많은 문화유산이 훼손·멸실·왜곡되는 문화 침략이 이루어진 시기이다. 그중에 풍수적으로도 일제는 백두대간의 정기가 흐르는 전국 도처의 명산에 쇠말뚝을 박고 지맥을 끊어 국운을 단절하려 했다. 우리 민족의 정신적·사상적 사고에 상처를 내어 민족 정기를 말살하려 했던 것이다.

1. 대통령 김대중의 고향 섬, 하의도 • 214

2. 종묘의 지맥을 끊은 일본의 풍수 침략

    - 거북바위의 목을 자른 명나라 장수 이여송 • 223

3. 시신 없는 무덤의 발복 - 유관순 열사 초혼묘(招魂墓) • 232

4. 가야사를 불태우고 빼앗은 2대 천자지지(天子之地)

    - 남연군 묘소 • 240

5. 반토막 난 독립운동의 산실 임청각! • 249

제4장 | 기타

인간은 본질에 있어서 자연의 일부라 할 수 있다. 자연 속에서 자연과 더불어 살아가며 자연의 영향에서 벗어날 수 없다. 주위 자연의 심신 성정(心身性情)을 온전히 닮아간다. 그래서 산의 모습은 그곳에 살고 있는 인간들의 또 다른 모습이기도 하다.

1. 만리장성을 쌓은 진시황의 끝없는 욕망
   - 진시황릉의 병마용(兵馬俑) · 260
2. 학문은 장성 만한 곳이 없다
   - 長安萬目 不如長城一目, 文不如長城 · 267
3. 도장(倒葬)의 사례
   - 율곡 이이·사계 김장생·월사 이정구 선생 묘소 · 274
4. 노블레스 오블리주를 실천한 참 부자의 모습
   - 경주 최부자집 가훈 · 281
5. 홍콩의 풍수는 죽었다 - 가상에 집착하는 홍콩 풍수 · 289
6. 문재인 전 대통령의 생가, 지금 우리가 알고 있는 곳이 아니다 · 297
7. 정조대왕의 효심이 깃든 수원 화성
   - 효란 흉내만 내어도 좋은 것이다 · 304
8. 충성스러운 개를 기리는 임실 오수의 의견비(義犬碑) · 313
9. 장례문화의 변화, 이제는 자연장이다 · 320

제1장

인걸지령(人傑地靈)이라
산천의 정기는
큰 인물을 잉태하고…

문필봉 아래에서는 큰 인물이,
노적봉 밑에서는 큰 부자가 난다.

해군의 간성을 길러내는 진해 해군사관학교의 뒷산(문필봉)과 잘
어울어진 본관 건물 모습.

1. 충절의 피가 흐르는 장흥 고씨 가문

- 의병장 고경명 삼부자

　지금 우리가 누리는 자유와 풍요·평안은 결코 그저 주어진 당연한 것이 아니다. 역사적으로 나라가 위기에 처했을 때마다 목숨을 걸고 국가를 위해 희생했던 위인들이 있었기에 가능한 일이다.

　1592년 임진왜란이 일어나자 과거에 급제한 장흥 고씨 가문의 엘리트 삼부자가 나라를 위해 소중한 목숨을 바쳤다. 전국에서 가장 먼저 의병을 일으킨 호남의병장 제봉 고경명과 그의 장남 고종후, 둘째 고인후이다. 평균수명이 40세도 안 되던 시절, 백발의 노선비가 나이 60에 제일 먼저 의병창의(義兵唱義)한 것이다. 칼을 들어 본 적도 창을 다루어 본 적도 없는 노선비 고경명은 "지금은 책이 아니라 칼을 들어야 할 때"라며 분연히 떨쳐 일어났던 것이다.

고경명 집안에서는 그의 두 아들뿐 아니라 의병에 따라나섰던 동생들과 사위도 죽었다. 둘째 딸은 왜군에게 잡히기 전 스스로 목숨을 끊었다. 나라에서는 고경명이 살았던 마을 앞에 임진왜란에서 죽은 고경명 일가 7분의 충·효·열(忠孝烈)을 표창(表彰) 하기 위해 정문(旌門), '고씨삼강문(高氏三綱門)'을 세웠다.

더 높은 지위에 있는 사람들이, 더 많이 가진 사람들이, 더 많이 배운 사람들이 나라를 위해 앞장서서 의무를 다하는 것이 노블레스 오블리주(Noblesse oblige)이다. 서양의 왕족이나 귀족들은 전쟁이 일어나면 앞장서서 전장으로 나갔다. 나라가 위기에 처했을 때 솔선해서 책임과 의무를 다한 것이다.

누가 등 떠미는 것도 아닌데 죽음을 각오하고 전 재산을 바쳐 식솔들까지 거느리고 나라를 구하기 위해 나서는 애국·희생정신이 한국판 노블레스 오블리주, 조선의 선비정신이다. 고경명 집안의 의로운 희생은 세계적으로도 보기 드문 사례로 우리 역사에 길이길이 기억되어야 할 것이다.

임진왜란 당시 대규모 의병 창의의 시발지가 된 추성관. 고경명은
6,000명이 넘는 의병을 모아 이곳에서 의병 봉기를 선언했다.

조선을 세운 지 200년이 되는 1592년 4월, 임진왜란이 발발하자
조선군은 속수무책으로 밀리기만 했다. 10만 양병을 주장했던 율곡
이이의 주장도 묵살되었고, 조정은 당쟁에만 몰두했으니 전쟁에 대
한 대비는 허술하기만 했던 것이다. 나라와 왕실이 짓밟히는 것을 보
면서 고경명은 분한 마음에 피가 끓는 심정으로 나주에 살고 있는
선비 김천일에게 편지를 쓴다. 그리고 전국 각지로 격문을 보낸다.

'왜군과 싸워서 나라와 임금을 지킵시다.

아버지는 아들과 함께, 형은 아우와 함께 의병으로 나오시오.

미루지 말고 옳은 길을 따르시오. 망설이다가 일을 그르치지 않기를 바랍니다.

이 격문을 보는 대로 움직이시오.'

사람들이 모이기 시작했다. 김천일·유팽로·양대박·안영 등.

그리고 5월 29일, 담양의 추성관 앞에는 전라도 각지에서 무려 6,000명이 넘는 의병들이 운집했다. 고경명의 격문을 보고 위기에 처한 나라를 구할 결심으로 집을 나선 것이다. 사기가 하늘을 찔렀다.

추성관은 임금을 상징하는 궐패를 모셔 둔 객사이다. 임금 앞에서 의병을 일으킨다는 의미로 이곳에 모인 것이다. 여기에서 고경명이 전라좌도 의병대장, 김천일이 전라우도 의병대장에 오른다.

전라도 의병은 왜군의 조총에 맞서기에는 턱없이 초라한 병장기였지만, 우리 강토에서 왜군을 몰아내야 한다는 굳은 의기로 힘겨운 승리를 거듭하며 임금을 구하기 위해 북쪽으로 올라간다. 충청도에 이르렀을 때 왜군이 곡창 전라도를 공격하기 위해 금산성에 집결해 있다는 얘기를 듣고 관군과 합동으로 금산성을 공격한다.

밀고 밀리는 치열한 전투가 계속되던 중 관군이 그만 무너지고 말았다. 전세는 급격히 기울고 고경명은 죽을힘을 다해 왜군에 맞서지만 둘째 아들 인후와 함께 금산성 전투에서 장렬한 최후를 맞는다.

　겨우 목숨을 건진 장남 고종후는 이듬해 다시 계사의병(癸巳義兵) '복수군'을 일으켜 2차 진주성 전투에 참가한다. 1차 진주성 전투에서 크게 패한 왜군은 다시 10만이라는 대군을 동원하여 진주성을 공격해 왔던 것이다. 진주성을 손에 넣은 후 군량미 확보를 위해 전라도를 공격하려는 의도였다. 임진왜란 최대 규모의 전투이며 가장 많은 사상자가 나온 2차 진주성 전투에서 의병과 관군은 중과부적 애석하게도 대패하고 만다.

　진주성이 함락되기 전날 의병장 김천일은 고종후의 손을 꼭 잡고 "종후 대장은 빠져나가시게. 아버지와 동생도 잃었는데 종후 대장마저 죽으면 어떡하나."

　"대장부가 전쟁에 나와 몸을 피하다니요. 죽는 건 하나도 두렵지 않습니다."

　진주성이 함락되자 고종후는 임금이 있는 북쪽을 향해 두 번 절하고 삼촌인 고경명의 막내 동생과 함께 남강으로 뛰어내렸다. 왜군의 칼에 죽느니 스스로 목숨을 끊은 것이다. 금산성 전투에서부터 줄곧 주인을 따랐던 두 하인 봉이와 귀인도 남강에 몸을 던졌다. 이날 의병장 김천일·최경회·양산숙도 남강에서 목숨을 다한다.

고경명 삼부자를 모신 포충사. 대원군의 서원 철폐 시에도 정읍 무성서원, 장성 필암서원과 함께 폐쇄되지 않았던 호남의 3대 서원이다.

조선은 금산성 전투와 2차 진주성 전투에서 비록 패했지만 왜적도 두 곳의 전투에서 많은 병력의 손실을 입었다. 이로 인해 결국 곡창 호남 침략을 포기하게 되었고 퇴각의 계기가 되었다. 고경명 삼부자를 비롯한 의병들의 숭고한 희생으로 전라도를 지켜낸 것이다. 후세의 사가들은 전라도가 왜적의 수중에 들어갔다면 보급기지를 뺏기고 수륙양면에서 공격당했을 이순신이 큰 어려움에 처했을 것이라고 평가한다. 이순신은 후에 '호남이 없다면 국가는 없다(若無湖南 是無國家)'고 했다.

고경명 집안의 노비로 금산성 전투와 진주성 전투에 참가, 왜적과 싸우다 주인과 함께 순절한 봉이와 귀인을 기리기 위해 자연석에 새긴 비.

　제봉 고경명은 할아버지가 형조좌랑, 아버지는 대사간을 지낸 명문가의 후예로 1558년 25세 때 식년시(式年試)에 장원으로 급제한 문인이다. 서장관·홍문관 교리·승문원 판교 등 요직을 두루 맡았으며, 과거시험 대과의 장원급제 보다 더 큰 영광으로 친다는 독서당에도 뽑혔다.

　'고경명 장군'으로 불리는 것은 의병장으로 전장에서 죽었기 때문인데 그의 뛰어난 시와 글이 뒤로 밀린 격이다. 물 흐르듯이 쓴 고경명의 글은 후에 칭송하는 사람이 많았다. 영의정을 지낸 백사

이항복은 "남쪽에 시인이 많다고 하나 그중에 제일은 고경명"이라며 조선 최고의 문장가로 꼽았다.

말에서 채 내릴 틈도 없이 말 위에서 급히 썼다는, 의병 지원을 호소하는 '마상격문(馬上檄文)'은 전국으로 퍼져 나가 백성들을 하나같이 구국의 깃발 아래 모이게 했다. 고경명 집안의 글 솜씨는 아들과 손자에게 이어져 아들·손자 3대가 서장관에 기용되기도 했는데 드문 경우라 한다.

훗날 선조는 임진왜란에서 나라를 구한 재야 의병장으로는 고경명을, 관군 사령관으로는 이순신을 가장 높게 평가한다며 고경명에게는 의정부 좌찬성을 추증했다.

지금도 후손들은 선대의 우국충절을 자랑스럽게 여기며 의로운 뜻을 이어가고 있다. 구한말 일본이 또다시 조선을 침략해 오자 후손 고광순은 담양 창평에서 의병을 일으켰다. 대를 이어 흐르는 충절의 기상이 13세 종손 고광순으로 이어진 것이다. 고경명 가문은 책임과 의무를 다하는 위대한 선비정신을 온몸으로 실천한 호남의 명문이다.

현재 장흥 평화·담양 창평 등 전남·광주지역에 후손들이 모여 살며 인물을 많이 배출했다. 현존하는 인물로는 국민훈장 무궁화장을 수상한 송원그룹 고재철 회장, 대창그룹 고형석 회장, 고재유 전

고경명이 살았던 제봉종가 앞에서 바라보이는 봉황산의 모습. 봉황이
날갯짓을 하는 듯한 수려한 모습으로 터를 감싸고 있다.

광주광역시장 등이 광주에서 활동 중이며 고명승 전 보안사령관, 고
영한 대법관 등도 장흥 고씨 후손들이다.

광주광역시 남구 원산동에 고경명 삼부자와 유팽로·안영 등 다
섯 분의 충절을 기리기 위한 서원, 포충사(褒忠祠:광주광역시 기념물 제7
호)가 있다. 사액서원으로 대원군의 서원 철폐 시에도 정읍 무성서

원, 장성 필암서원과 함께 폐쇄되지 않았던 호남의 3대 서원이다. 특이한 것은 사당 한편에 충직한 노비로 주인과 함께 의병활동에 참가했던 봉이와 귀인의 비석이 큼지막한 자연석에 새겨져 있다. 장흥 고씨 가문에서는 지금도 포충사 제향일에 두 하인도 따로 제향하고 있다.

포충사 뒤편 압촌리 고경명이 살았던 제봉종가(고원희가옥, 광주광역시 문화재자료 제8호)는 다산 정약용이 호남의 3대 길지라 했다는 곳으로 제봉산을 의지하여 목형산 아래 아늑한 곳에 자리 잡았다. 안산이 옥대(玉帶)처럼 둘러치고 안산과 가까이에는 일자문성(一字文星)이, 안산 너머 멀리로는 봉황이 날갯짓을 하는 듯한 수려한 봉황산이 터를 감싸고 있다. 소문난 고택·종택을 두루 살폈지만 이곳의 조산(朝山)인 봉황산은 어디에서도 볼 수 없었던 아름다운 모습이다. 귀한 후손들이 나고 넉넉하게 살아갈 수 있는 터이다.

2. 쌍봉산 아래에서는 쌍둥이가 난다?

- 여수 중촌마을의 신비

집이나 묘소 앞에서 붓끝처럼 뾰쪽한 문필봉이 바라보이면 뛰어난 문장가나 학자가 난다고 한다. 또 집 주위에 종을 엎어놓은 것 같은 둥그런 금성체(金星體)의 노적봉이 보이면 부자가 나고, 나무처럼 우뚝 솟은 목형산(木形山) 아래에서는 높은 벼슬을 할 수 있는 귀인이 난다고 한다. 풍수에서는 이렇듯 산의 형상을 보고 인물의 출현을 짐작하는데, 지령인걸(地靈人傑)이라고 사람은 주위 자연의 영향을 받기 때문이다.

붓끝처럼 뾰쪽한 문필봉(목형산)이 바라보이면 뛰어난 문장가나 학자, 높은 벼슬을 할 수 있는 귀인이 난다. 인촌 김성수 선생의 조부 묘소 앞 문필봉.

여수에서 15km 정도 떨어진 여수시 소라면 현천리 중촌마을. 이 마을은 오래전부터 쌍둥이들이 태어나기 시작했다. 중촌마을 75가구 가운데 35가구에서 40쌍이 넘는 쌍둥이가 출생하여 1989년에는 기네스북에도 올랐다.

보통 인공수정을 하면 쌍둥이가 태어날 확률이 높지만 자연임신으로 쌍둥이가 태어날 확률은 1/200 정도라고 한다. 그런데 이 마을처럼 쌍둥이가 많은 것은 세계적으로도 매우 드문 경우이다. 한때는 외국에서까지 저명한 학자들이 찾아와 지리적인 특성이나 자연환경, 식생활을 포함한 생활습관 등을 연구하였으나 그 원인을 밝히지는 못했다.

특이한 것은 중촌마을과 불과 300여 미터 거리에 위치한 선천마을과 오룡마을에서는 쌍둥이가 태어나지 않는다. 중촌마을 주민들과 인·친척 관계에 있는 사람들이 많이 모여 살지만 두 마을에서는 거의 쌍둥이가 태어나지 않는 기이한 출생 경향을 보이고 있는 것이다.

그러면 이곳 사람들은 중촌마을 쌍둥이 출생을 어떻게 이해하고 있을까?

이 마을에서 쌍둥이가 태어나는 것은 동쪽으로 바라보이는 쌍태산(높이 333m, 8km 거리에 위치)의 정기 때문이라는 얘기가 예부터 전해 내려오고 있다. 그도 그럴 것이 중촌마을의 모든 가구에서 쌍둥이가 태어나는 것이 아니고 대문을 통하여 쌍태산(쌍봉산)이 정면으로 바라보이는 집에서만 쌍둥이를 낳았다. 또 지근거리에 있는 선천마을과 오룡마을은 동네의 좌향이 중촌마을과는 달라 쌍태산이 전혀 보이지 않는다.

어린아이의 볼기짝을 연상케 하는 멀리 보이는 쌍태봉. 두 개의 봉우리가
보인다.

　재미있는 현상이지만 쌍봉산 밑에 있는 마을에서의 쌍둥이 출생
은 풍수에서는 자연스러운 현상으로 이해할 수 있다. 자연의 일부
로 자연 속에서, 자연과 더불어 살아가는 인간은 자연의 영향에서
벗어날 수 없다. 날씨뿐만 아니라 땅의 기운도 마찬가지이다. 그래서
인걸은 영험한 땅에서 난다 하지 않던가?

　충남 아산시 음봉면에도 쌍둥이가 많이 태어나는 아파트 단지가
있다. 언젠가 TV에도 방영된 적이 있는데 그곳의 산세 역시 정면으
로 바라보이는 안산(案山)이 쌍태봉 구조를 하고 있다.

국사봉 아래 중촌마을 전경.

　중촌마을 쌍둥이 출생에 대해서는 1980년대 초반 가톨릭의대 조사팀이 마을 뒤쪽의 약수에서부터 다각적으로 그 원인을 분석해본 적이 있다. 하지만 선천적·유전적 요인보다 후천적·환경적 요인이 크게 작용했을 것으로 짐작할 뿐 구체적인 원인은 밝혀낼 수 없었다. 쌍둥이는 모계 유전적 영향이 큰 이란성쌍둥이가, 후천적 요인이 더 큰 일란성쌍둥이 보다 많은 것이(세계 평균 7:3) 보통이다. 그러나 중촌마을 쌍둥이들은 1 : 4.6의 비율로 후천적 즉 환경적 영향이 크다고 알려진 일란성쌍둥이가 훨씬 많다고 한다.

　무당들은 가끔 꿈속에서 자기가 모시는 신에게 매를 맞는 경우

한때는 500명이 넘는 학생이 다녔다는 소라초등학교. 지금은 폐교 위기에 놓여있다.

가 있는데 잠에서 깨어나 보면 실제로 몸에 시퍼렇게 멍이 든다고 한다. 매를 맞으면 멍이 든다는 잠재의식이 실제로 생리적 변화까지 일으킨 것이다. 일반 사람들에게도 이런 잠재의식의 영향이 더러 나타난다. 임신도 아닌데 심하게 입덧을 한다든지 부인이 임신했는데 남편이 입덧을 하는 등의 상상임신과 쿠바드 증후군이 좋은 예라 할 수 있다. 정도의 차이는 있지만 우리는 누구나 환경으로 인해 빚어지는 잠재의식으로 생리적 변화가 일어난다. 소위 '신경성'이라 얘기하는 여러 가지 질병들은 대개 불편한 잠재의식의 발로이다.

언제부터인가 쌍봉산 정기 때문에 쌍둥이를 낳는다는 전설이 생겨나고 그 후 쌍봉산이 바라보이는 집에서 쌍둥이가 다시 태어나자, 이제는 그 전설을 사실로 믿어버린 나머지 이것이 강력한 잠재의식으로 작용, 쌍둥이가 계속해서 태어난 것으로 본다는 견해도 있다.

이제는 농촌마을 어디를 가도 아이 울음소리 듣기가 어려운 것이 현실이다. 농촌을 지키는 젊은 사람이 드물고 육아의 어려움 때문에 출산을 기피하는 세태가 만연해 있다. 중촌마을도 예외는 아니어서 젊은 사람들은 대부분 직장 따라 외지에 나가서 산다. 중촌마을에 있는 소라초등학교 소라남분교도 전에는 소라면에서 제일 학생 수가 많았다. 그러나 지금은 겨우 30명의 학생으로 폐교의 위기에 놓여있다.

흥미로운 것은 서울이나 광주로 나가 사는 중촌마을 출신들이 가끔 쌍둥이를 낳기도 한단다.

동네 어귀에서 만난 노인은 "쌍둥이를 낳는 집에서는 3대에 한 명 정도씩 쌍둥이가 나온다"는 알듯 모를 듯한 얘기도 들려주신다.

3. 남강의 솥바위(鼎巖) 주위에서 탄생한
대한민국 대표재벌

- 삼성 · 엘지 · 효성그룹

경남 진주·함안·의령을 가로질러 흐르는 남강 위에 우뚝 솟은 솥바위.
이 솥바위를 중심으로 반경 20리 안에 큰 부자 3명이 난다고 오래전부터
전해져 왔다.

경상남도 함양 남덕유산에서 발원, 남으로 흘러내려 진양호에 합하고, 진주에서 북동으로 유로(流路)를 바꾸어 진주·의령·함안을 관통하며 낙동강으로 흘러드는 강이 진주 남강이다. 남강하면 먼저 의기(義妓) 논개가 떠오른다.

임진왜란 당시 제2차 진주성 전투에서 진주성이 함락되고 7만에 달하는 민관군이 순절하자, 경상우도 병마절도사를 지낸 의병장 최경회(崔慶會)는 남강에 투신하여 자결한다. 최경회의 후처였던 기생 논개는 원수를 갚기 위해 촉석루에서 벌어진 연회에 참석하며, 남강의 바위로 왜장을 유인하여 그를 끌어안고 남강에 투신한다.

논개가 왜장을 안고 뛰어내린 바위는 논개의 순국정신을 기리기 위해 후세에 의암(義巖)이라고 명명하였다.

진주 촉석루 아래에 있는 의암과 함께 남강에는 또 하나의 재미있는 전설을 지닌 바위가 있다. 남해 고속도로 군북 나들목(IC)에서 내려 10분 정도 달리면 의령의 관문 정암교에 다다르고, 남강이 유유히 흐르는 철교 아래 가마솥을 닮은 바위가 있으니 바로 솥바위이다. 일명 정암(鼎巖)으로 그 모습이 솥뚜껑을 닮아서 붙여진 이름이다.

정(鼎 : 솥정)은 세 갈래의 발이 달린 솥 모양을 본뜬 글자다. 이 세 발솥은 중국 고대국가에서는 왕권을 상징했으며 최상급으로 존귀하다는 의미도 함께 지닌다. 따라서 이 정(鼎)자의 의미도 최상급이다. 정보(鼎輔)는 삼정승, 정갑(鼎甲)은 과거에 최고 성적으로 급제한 세 사람, 정식(鼎食)은 귀한 사람의 밥 먹음이나 진수성찬을 일컫는 것으로 부귀를 뜻했다.

정암도 세 개의 발을 가진 솥을 닮은 바위다. 삼정승에 버금가는 인물을 기대하는 조건이 된다. 이 바위는 반쯤 물 위에 드러나 있으며 물아래 세 개의 솥 다리가 받치고 있다.

전설에 의하면 이 솥바위를 중심으로 반경 20리 안에서 큰 부자 3명이 난다고 오래전부터 이 지방에 전해져 왔다. 물 밑에서 뻗은 세 다리 방향으로 20리(8㎞) 이내에서 국부(國富) 3명이 태어날 것이라 했는데 공교롭게도 재벌 창업주 3명이 인근에서 태어났다.

솥바위 북동쪽 8km 지점인 의령군 정곡면에서는 삼성그룹 고 이병철 회장이 태어났고, 남서쪽 7km 지점 진주시 지수면에서 LG·GS 전신인 금성그룹 고 구인회 회장, 남동쪽 5km 지점 함안군 군북면에서 효성그룹 창업주인 고 조홍제 회장이 출생했다. 솥바위에 얽힌 전설이 모두 사실이 된 부자의 기가 흐르는 고장이다.

의령은 임진왜란이 발발해 나라가 누란의 위기에 처했을 때 전국에서 가장 먼저 항일의병이 봉기한 의로운 역사를 간직한 고장이다. 정암이 있는 나루터도 임진왜란 때 의병장 홍의장군 곽재우가 왜적을 물리쳤던 승첩지이다.

필자가 세 재벌 창업주의 생가를 둘러보느라 솥바위 주위에 둥글게 모여 있는 의령·진주·함안을 오가며 접한 주변 산봉우리들도 비교적 금성·목성체의 부봉(富峰)과 귀봉(貴峰)들이 주를 이루고 있었다. 산줄기가 튼실하면서도 순하고 부드러운 길격의 모양새를 보이고 있다.

풍수적으로 금성체의 산은 둥근 모양을 한 산을 말하는데 길흉화복을 따질 때 부(富)를 상징하는 재물과 관련되고, 목성산은 우뚝하게 높이 솟은 산을 말하는데 학문이 뛰어난 인물과 관련된다. 그래서 금성체의 산 아래에서는 부자가 많이 나고 목성체의 산 아래에서는 관직에 나아가거나 문인·학자가 많이 배출되는 것으로 해석한다. 이곳 의령·진주·함안에서 많은 인물과 부자가 배출된 것도 주변의 산세와 무관하지 않아 보인다.

우리나라 경제발전을 선도해가고 있는 글로벌 기업, 삼성의 창업주 고 이병철 회장 생가를 둘러싸고 있는 주위 산들은, 하나같이 곡식을 쌓아 놓은 것처럼 둥그런 노적봉 형태의 금성체이다.

풍수지리에 의하면 이병철 회장의 생가는 노적봉을 닮은 호암산의 기가 산자락 끝에 위치한 생가 터에 내려와 맺힌 혈(穴)자리라고 한다. 그 지세가 융성할 뿐 아니라 멀리 흐르는 남강이 바로 빠져나가지 않고 생가를 돌아보며 천천히 흐르는 역수(逆水)를 이루고 있어 재복이 넘치는 명당이다.

호암 이병철 회장의 생가. 집 뒤로 산자락이 감싸고돌며 기를 잘
갈무리하고 있다.

천석꾼 선비였던 이병철 회장의 할아버지가 1851년 손수 지은 집
으로, 이 회장은 이 집에서 유년시절은 물론 결혼하여 분가하기 전
까지 살았다. 사랑채와 안채·광·대문채로 이루어진 전통 한옥으로
단아함과 고즈넉함이 있다.

필자의 눈으로도 겹겹이 부봉을 이루며 내려오는 용맥이 집 뒤
에 이르러서는 집을 감싸고도는 모습에서, 기가 잘 갈무리되고 있는
것을 확인할 수 있었다.

안채의 왼쪽 산기슭과 마당이 만나는 부분에 기가 응결된 바위
가 드러나 집의 좌측 울타리 역할을 하고 있는 모습도, 설기를 방지
할 뿐 아니라 전체적으로 안정되고 온화한 느낌을 주는 생기를 머

금은 터가 분명해 보인다.

이병철 회장은 생전에 기업의 사회적 책임과 사명에 대한 확고한 신념을 바탕으로 다양한 문화사업을 전개, 문화발전에도 크게 기여하였다. 일찍이 특유의 통찰력과 미래를 보는 탁월한 식견으로 반도체 산업에 진출하여 우리나라 첨단 IT산업의 발전기반을 마련했다.

대한민국 경제를 좌지우지했던 이 회장도 의지대로 안 되는 것들이 있었으니 "세상에서 내 맘대로 안 되는 세 가지가 있는데 자식과 골프, 미원이다"라는 재미있는 일화를 남기기도 했다.

2007년 생가를 공개한 이후 부자의 기운을 받아 보려는 사람들이 많이 찾고 있는데 동네 앞 주차장에는 매번 관광버스가 서너 대씩 주차되어 있다.

솥바위 남서쪽 7km 지점 진주시 지수면 승산리에는 LG·GS그룹의 전신인 금성그룹 고 구인회 회장의 생가가 있다.

의령에서 내비게이션을 찍고 이곳을 찾아가는데 우측에 일자문성이 뒤를 잘 받쳐주고, 나지막한 언덕들이 마을을 감싸고 있는 범상치 않아 보이는 자그마한 동네가 나타난다. 그런데 내비게이션은 아직도 더 가야 한단다.

잠시 후 목적지에 도착했는데 안내판은 물론 마땅히 물어볼 사람도 눈에 띄지 않는다. 그러나 주변의 지세로 보아 이곳은 구 회장

연암 구인회 회장 생가. 부귀겸전의 일자문성이 집 뒤를 잘 받쳐주고 있다.

같은 큰 부자를 낼만한 터가 도무지 아니라는 생각과 함께 아까 지나온 범상치 않았던 터가 뇌리를 스친다. 망설임 없이 차를 돌려 찾아가 보니 아니나 다를까 구인회 회장의 생가마을이다.

구인회 회장의 생가 터는 뒤를 받쳐주고 있는 일자문성이 일품이다.

일자문성은 풍수에서 부와 귀가 함께 따르는 극귀사(極貴砂)로 왕후장상과 부자를 배출한다고 해석한다. 이런 귀사가 승산리 마을을 병풍처럼 뒤에서 받쳐주고, 마을 앞으로는 으뜸으로 치는 조수(朝水)가 들어오고 있다. 조수는 한 잔의 물로도 능히 가난을 구제한다는 귀한 수세이다.

생가 한편에 선대를 추모하고 자녀들의 교육과 가풍을 익히는 교육장으로 활용하기 위해 새로 지었다는 모춘당에는 구씨 집안의 가훈이 기둥마다 붙어 있다.

<형제간과 종족 사이에는 서로 좋아할 뿐 따지지 마라.>

<검소함으로 집안을 다스리고 공경함으로 몸을 닦아라.>

<작은 분을 참지 못하면 마침내 어긋나게 된다.> 등 인화와 실사구시를 강조하고 있다.

지수면 승산리의 형세는 방어산 기슭에 남강이 굽이쳐 흐르는, 봉황이 알을 품고 있는 봉황포란형(鳳凰抱卵形)으로 큰 부자가 나올 수 있는 명당이라 한다. LG의 구인회 회장뿐 아니라 LG와 동업을 하다 분가한 GS그룹의 허준구 회장도 이 마을에서 태어났다.

이 마을에 있는 지수초등학교는 구인회 회장과 허준구 회장, 근처에 살던 삼성의 이병철 회장, 효성의 조홍제 회장, 삼양통상의 허정구 회장 등이 다녔던 대한민국에서 가장 많은 실업가를 배출한 초등학교이다. 교정엔 구인회 회장과 이병철 회장이 학창 시절 함께 심었다는 소나무가 있어 '재벌송'이라 부르며, 지금은 관광명소가 되어 부자의 기운을 받고자 하는 사람들이 많이 찾는다.

지금은 폐교가 되어버린 지수초등학교. 이병철·구인회·조홍제·허준구 등 많은 실업가를 배출했다. 우측의 큰 소나무가 이병철과 구인회가 심었다는 재벌송이다.

아름다운 동업으로 널리 알려진 LG의 구씨(능성 구씨) 가문과 허씨 (김해 허씨) 가문은 기업활동으로 인연을 맺기 이전에 이미 지연과 학연·혈연으로 연결돼 있었다. 두 집안은 지수면 승산리 한동네에 뿌리를 내리고 겹사돈을 맺으며 얽혀 살아왔다. 허씨 문중은 구씨보다 약 200여 년 앞서 이곳에 자리를 잡았다.

허씨네는 엄청난 재산을 모아 승산마을은 영남 일대에서도 손꼽히는 부촌이었다. 인근의 고성·의령·함안·산청 등지에도 많은 농토를 소유했는데, 그래서 승산마을 허씨 중엔 천석꾼이 10여 집, 만석꾼도 두 집이나 있었다고 한다.

허준구 회장 부친 허만정은 그중에서도 첫 번째로 꼽히는 만석꾼이었다.

그가 해방 이듬해, 3남 준구를 데리고 젊은 사업가 구인회(具仁會)를 찾아와 "이 아이를 맡기고 갈 터이니 밑에 두고 사람 만들어주소. 사돈이 하는 사업에 내가 출자도 좀 할 작정이오"하며 거액의 자본을 투자, LG그룹의 주춧돌을 놓은 것이다.

기업은 한 집안에서 경영해도 규모가 커지고 대를 넘기면 분란이 생기게 마련인데 두 집안은 아름다운 동업 끝에 불협화음 없이 LG와 GS로 분가에 성공했다.

허만정은 후손들에게 "경영은 구씨 집안이 알아서 잘한다. 처신을 잘해서 돕는 일에만 충실하라"라고 당부했다.

연암 구인회 회장도 "한번 사귄 사람과는 헤어지지 말고, 부득이 헤어진다면 적이 되지 말라"라고 당부한다.

LG그룹의 아름다운 동업은 인화를 중시하는 선대의 당부도 있었지만, 한마을에서 나고 자란 끈끈한 지연과 학연이 아름다운 결과를 낳은 것 같다.

솥바위의 전설로 인해 큰 부자가 탄생했다는 이야기는 풍수 논리에 부합하지 않는다. 인걸은 지령(地靈)이라는데, 이렇게 한 고을이나 진배없는 가까운 마을에서 우리나라 대표재벌들이 탄생했다는 사실은 이 고장의 산세가 수려하다는 이야기이다. 좀 더 면밀한 풍수지리학적 접근과 연구가 필요한 대목이다.

4. 잉태지(孕胎地)의 기운이 좋아야
큰 인물이 난다

- 춘천 서면과 임실 삼계면의 박사마을, 고 육영수 여사 생가

우리나라에서 유독 박사가 많이 배출되는 동네가 있다. 강원도 춘천 서면과 전라북도 임실군 삼계면이다. 많지 않은 인구의 시골 면단위에서 각각 200여 명의 박사가 배출된 것이다.(춘천 서면 184명, 임실 삼계면 약 200여 명. 2021년 6월 현재.)

풍수지리학에서는 인걸(人傑)은 지령(地靈)이라 하여 좋은 땅에서 훌륭한 인물이 난다고 이야기한다. 또 사람은 태어난 땅의 기운에 따라 '청탁(淸濁)·현우(賢愚)·요수(夭壽)·선악(善惡)·귀천(貴賤)·빈부(貧富)에 차이가 있다' 하여 땅의 중요성을 말한다.

또 산의 모양으로 볼 때 붓끝처럼 뾰족한 형태의 문필봉 아래에

춘천 서면의 박사마을 선양탑. 시골 면단위에서 약 200여 명의 박사를 배출했다.

춘천의 진산인 봉의산. 마치 봉황이 날갯짓을 하고 있는 것 같은 모습이다.

서는 학식이 높은 선비나 학자, 높은 벼슬의 관리가 난다고 이야기한다. 수관재물 산관인정(水管財物 山管人丁)이라 하여 수세(水勢)가 좋으면 부자가 나지만 인물은 산세(山勢)가 좋아야 한다고도 말한다.

요즘의 젊은 부부들에게 육아는 분명 버거운 과제임에 틀림없다. 세상이 바뀌어 이제 여성들도 대부분 전문직 종사자로 직장생활을 영위한다. 시간적으로나 경제적으로 아이를 키우는 일은 여간 어려운 일이 아니다. 그러다 보니 아이 갖기를 망설이는 젊은이들이 많아졌다.

40여 년 전 필자가 갓 결혼하여 아이를 갖던 시절만 해도 둘씩은 낳았다. 그때도 아이들 키우는 일이 쉽지는 않았지만 그렇다고 아이를 갖지 않겠다는 생각을 하는 사람은 드물었다.

그런데 근래에는 부동산 가격이 치솟아 내 집 마련이 쉽지 않고 사교육비 또한 부담스러운 상황이어서, 아이를 갖지 않으려 하는 젊은 부부들의 고민이 이해되기도 한다. 이제는 정부가 발 벗고 나서서 정책적으로 저출산이나 육아문제를 풀어 나가야 하지 않을까 생각된다.

좀 우스운 애기지만 낳아 놓은 자식은 어떻게든 훌륭한 아이로 키워보겠다고 엄청난 사교육비를 쏟아 넣으며 갖은 노력을 다 하는 부모들이 아이를 만드는 데는 얼마나 정성을 기울일까?

아이를 생산하는 일에도 키우는 것 못지않게 세심한 정성과 노력이 더해져야 한다. 19세기 초 사주당 이씨(師朱堂 李氏)가 쓴 [태교신기(胎敎新記)]에는 "스승의 10년 가르침이 어머니의 10달 태교만 같지 못하고, 어머니의 10달 태교가 아버지의 하루 낳음만 같지 못하다"라고 하였다.

아버지와 어머니가 합궁하는 장소나 시간, 주위 환경이 아이의 운명에 지대한 영향을 미친다는 얘기다.

그러면 어떤 장소와 시간, 환경에서 아이를 가져야 할까?

우선 천둥·번개가 치고 바람이 심하게 부는 불순한 일기에는 관계를 삼가야 한다. 그런 날은 대개 심리적으로 불안해지기 쉬우며 부모의 불안감이 고스란히 아이에게 전해질 수 있기 때문이다.

술이 취해 혼미한 상태에서 잠자리를 갖는 것도 피해야 한다. 평생 말술을 마시며 풍류를 즐긴 이태백과 도연명 같은 사람들의 후손은 아버지의 천재성을 이어받지 못하고 매우 우둔하였다는 기록도 있다.

주위 환경도 중요하다. 큰 바위 근처나 귀신을 모시는 신전, 무덤이나 감옥, 예전에 큰 전쟁이나 살육이 벌어졌던 장소도 피해야 된다. 기후와 풍토가 태아에게 영향을 미쳐 훗날 아이의 운명을 결정하기 때문이다.

일반적으로 부모의 마음이 가장 편안할 때, 편안함을 느끼는 장

서면 금산리 건너편에 성업 중인 호텔. 결혼을 앞둔 커플들이 신혼여행 전에 미리 이곳을 다녀가기도 한단다.

소가 아이를 만들기에 적당한 곳이다.

실제 서기양명(瑞氣陽明)한 명당 터를 찾아 아이를 생산한 대표적인 사례로 경주 양동마을의 손동만 가옥과 충북 옥천의 고 육영수 여사 생가를 들 수 있다.

양동마을의 손동만 가옥은 월성 손씨 종택으로 풍수지리상으로도 대단한 명당 터인데, 이곳에 집터를 정할 때 지사(地師)가 세 사람의 큰 인물이 배출될 자리(三賢出生之地)라고 예언했다 한다.

실제로 이 집을 짓고 6년 만에 조선 중기의 대표적인 청백리(清白吏) 우재 손중돈(1463~1529) 선생이 태어났다. 또 26년 후에는 여강 이씨에게 시집간 손중돈 선생의 누이가 친정집에 와서 출산했는데, 바로 그 아이가 훗날 동방 5현에 꼽히는 회재 이언적(1491~1553) 선생이다.

세 명의 큰 인물 중 두 명이 태어난 셈인데, 마지막 한 명의 큰 인물을 기다리는 월성 손씨 가문에서 볼 때 회재 이언적 선생은 외손(外孫)이다. 따라서 더 이상의 외손 발복을 막기 위해, 그 후 출가한 딸들이 친정집으로 출산하러 오면 해산만큼은 다른 곳에서 하게 한다.

충북 옥천 교동에 있는 고 육영수 여사 생가 자리도 1600년대부터 김정승과 송정승·민정승이 배출된 길지(吉地)이다. 육 여사의 부친 육종관이 27세의 젊은 나이에 민정승의 후손에게서 이 터를 2만 5백 원에 사들인다. 이때 구입자금으로 쓴 2만 5백 원은 그의 전 재산 절반이나 되는 거금이었다고 하니 그 정성이 놀랍기 그지없다.

육종관이 이 집으로 이사한 뒤 처음 태어난 아이가 박근혜 전 대통령의 어머니이자 박정희 전 대통령의 부인 육영수 여사이다.

박목월 선생이 쓴 [육 여사 전기]에 의하면, 육 여사가 태어났을 때 육종관씨가 부인에게 물은 첫마디는 "아들이냐 딸이냐?"였다. 딸이라고 대답하자 입을 굳게 다문 채 침묵을 지켰다고 하는 에피

소드도 있다. 남자아이를 선호했던 시대의 한 단면이다.

언젠가 육 여사 생가를 방문했다가 돌아 나오는 길에, 마을 입구에서 바라본 생가 뒷산의 모습에 깜짝 놀랐던 기억이 있다. 풍수지리에서 부귀겸전(富貴兼全)이라 하여 최상의 사격(砂格)으로 치는, 기와집 지붕모양의 일자문성이 아름답게 생가 뒤를 받치고 펼쳐져 있지 않은가?

생가로 들어오는 맥은 분명 뒤쪽의 일자문성에서부터 비롯된 것이 틀림없었다. 생가 터에서는 보이지 않았었는데 마을 입구로 나오니 확연히 드러나는 길격(吉格)의 주봉을 바라보며, 풍수지리라고 하는 학문이 바로 이런 것이로구나 하고 내심 쾌재를 불렀던 기억이 있다.

춘천 서면에서도 가장 많은 박사를 배출한 동네 금산리에는 장군봉이라 불리는 귀봉(貴峰)아래 국무총리를 역임한 한승수 전 총리의 생가가 제대로 맥을 받아 들어서 있다.

풍수적으로 여러 가지 조건을 두루 갖춘 흠잡을 데 없는 길지로, 이 정도의 터이니 한 나라의 국무총리를 배출하지 않았나 하는 생각이 든다. 옥천의 육 여사 생가에서 느낄 수 있었던 풍수지리학에 대한 경외와 희열을 다시 한번 느끼게 하는 곳이다.

춘천 서면과 임실 삼계면에서는 곳곳에서 문필봉을 만날 수 있

춘천시 서면 금산리 장군봉 아래 한승수 전 국무총리 생가. 제대로 맥을 받아 지기가 강한 터이다.

다. 이곳에서 박사가 많이 배출되는 이유를 풍수지리학적으로 규명해 보는 것도 재미있을 것 같은데 다음으로 미룬다.

한승수 전 총리의 생가가 있는 금산리 마을 건너편에는 상당히 큰 규모의 러브호텔이 성업 중이다. 이곳의 소문을 듣고 허니문 베이비를 바라는 젊은 커플들이 결혼식 전에 미리 다녀가기도 한단다.

북배산 지맥이 장군봉을 일으키고, 장군봉 아래 명당(집 앞의 넓은 공간)이 시원스럽게 펼쳐지며, 명당 앞으로는 소양강과 북한강이 만나 유유히 흐르는 아늑한 터이니 하룻밤 편히 쉬어가기에는 더없이 좋은 곳이다.

5. 남종화의 성지 운림산방

- 양천 허씨 일가 5대, 소치에서 미산 · 남농으로…

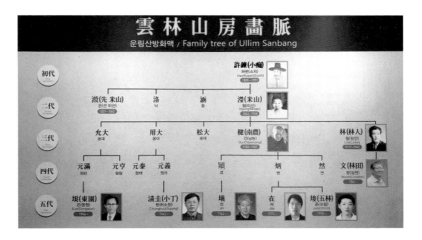

양천 허씨 일가 직계 5대에 걸쳐 할아버지 소치의 화혼과 남종화의 맥을
이어가고 있는 운림산방 화맥.

전라남도 광주 쪽에 가면 어디를 가나 남화라고 일컬어지는 그림을 쉽게 접할 수 있다. 우선 기차를 타고 광주역에 내리면 플랫폼에서 지하도를 통해 대합실로 걸어 나가게 되는데, 지하도 양 옆에 누군가의 그림들이 즐비하다. 시내의 카페에도… 변두리 음식점 모퉁이에도… 여지없이 그림들이 걸린다. 다른 고장에서는 볼 수 없는, 예향이라 자부하는 남도의 특별한 분위기이다.

19세기 남종화의 대가였던 소치 허련(許鍊)의 손자이며, 소치의 4남으로 직업화가였던 미산 허형(許瀅)의 아들, 남농 허건(許楗) 선생이 광주·목포 쪽에서 왕성하게 활동했던 연유 아닌가 싶다. 남농 허건은 선대로부터 물려받은 남종화를 현대적 감각으로 승화시켜 남농 특유의 새로운 화풍을 일구어 낸 화가이다. 특히 남농의 거친 선으로 빚어낸 소나무의 생동감 있는 필선은 누구도 흉내 낼 수 없는 역작으로 전해진다.

북종화에 대비되는 동양화 양대 분파의 하나인 남종화는 문인화라고도 불리는데 북종화가 채색 위주의 사실성을 중시하는 반면 남종화는 수묵 위주의 추상성이 강하다. 우리나라의 남종화는 시·서·화에 능했던 조선의 대표화가 소치 허련에서부터 시작된다.

그리고 소치의 화풍은 아들인 2대 미산 허형(1852~1931), 3대 남농 허건(1907~ 1987)과 그의 동생 임인 허림(1917~1942)으로 이어진다. 또 4

첨찰산 아래 소치가 생전에 살았던 운림산방 전경.

대 임인의 아들 임전 허문(1941~), 5대 남농의 장손 오림 허진(현 전남대
학교 미대 교수)으로 전수되고 있다. 양천 허씨 일가 직계 5대에서 200
여 년에 걸쳐 10명의 화가를 배출하며 할아버지 소치의 화혼과 남
종화의 맥을 이어가고 있다. 이는 세계적으로도 유례가 없는 경우
라 한다.

　소치는 어려서부터 그림 그리기에 재주가 있었다. 20대에 해남
대흥사에서 다성(茶聖) 초의선사를 만나고, 그의 밑에서 공제 윤두서

의 그림첩을 보면서 그림과 글씨를 익혔다. 초의선사의 소개로 30대에 한양으로 올라가 추사 김정희에게서 본격적으로 글씨와 서화 수업을 받았다. 추사는 나중에 소치의 그림에 대해 "압록강 동쪽에 소치를 따를 만한 화가가 없다"거나 "소치 그림이 내 것보다 낫다"는 찬사를 보냈다. 소치는 문인화를 중심으로 특유의 필치를 구사하며 일세를 풍미했던 남종화의 대가이다. 허련의 호 '소치(小痴)'도 추사가 내려주었다. 중국의 대화가 대치 황공망과 비교한 아호였다.

소치는 스승인 추사가 세상을 떠나자 고향 진도로 내려와 화실을 짓고 그림을 그리며 여생을 보냈다. 그곳이 진도를, 나아가 남도를 예술의 고장으로 승화시킨 유서 깊은 운림산방이다. 운림(雲林)이란 아침저녁으로 피어오르는 안개가 구름숲을 이룬다고 하여 붙여진 당호이다.

소치는 여기서 미산 허형을 키웠고 미산은 남농을 낳았다. 그리고 이 집에서 대를 이어 그림을 그리면서 자연스럽게 남종화의 본거지가 되었다. "진도에서는 개도 붓을 물고 다닌다"거나 "허씨들은 빗자루 몽둥이만 들어도 명필"이라는 말이 회자되는 것도 이들 양천 허씨 일가에서 비롯된 이야기이다.

양천 허씨 일가 직계 5대가 펼친 서화예술은 200여 년에 걸친 장구한 화맥이다.

진도는 실로 대한민국 민속문화예술 특구라 할 수 있다. 군내에

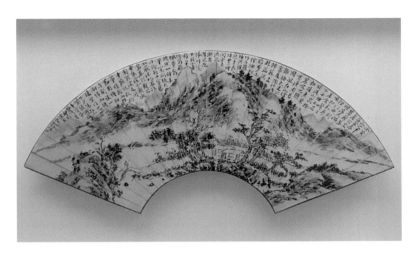

소치 허련의 <운림각도>. 자신이 살고 있는 운림산방의 모습을 남종화
수법으로 담아낸 단아한 부채그림.(출처: 네이버 블로그 '난 마을')

운림산방과 소치기념관을 비롯 장전미술관·소전미술관 등 현재 9
개 미술관이 문을 열고 있으며, 국전 입선 작가를 150명이나 배출
했다. 또 진도 출신으로 생존해 있는 국전심사위원, 특선작가가 80
명이나 된다.

　진도는 한양에서 멀리 떨어진 섬으로 조선시대에는 많은 선비들
의 유배지였다. 진도군청이 발간한 [향토문화대전]에 의하면 조선시
대 귀양 간 사람은 약 700여 명인데 그중 140여 명이 진도로 내려
왔다. 산이 험한 함경도로 보내진 숫자보다 많다. 그들은 대부분 한
양에서 영화를 누리며 살던 사대부가의 문인·학자·명필·사상가들

후덕한 첨찰산 자락 운림산방에서 정면으로 바라보이는 탐랑 목성의
문필봉.

이다. 천혜의 자연경관을 갖춘 귀양지 진도 땅에서 시름을 떨쳐내
기 위해 시·서·화로 소일하며 낯선 땅에 문화적 자양분을 남겼다.
진도의 문화예술이 활짝 꽃 필 수 있는 밑거름이 된 것이다.

진도는 소치·미산·남농 외에도 대한민국 문화예술계의 걸출한
인물들을 많이 배출했다. 미산에게서 그림을 익혔다는 의제 허백련,
서예계의 거목 소전 손재형, 장전 하남호 선생이 진도출신이고, 국악
인 신영희, 김성녀, 전임 예총회장 하철경 화백도 진도가 고향이다.

운림산방은 소치가 말년에 고향으로 돌아와 첨찰산 기슭에 지
은 화실이다. 소치는 이곳에서 꿈에 어리는 지난날을 회상하며 [소

치실록]이라는 자서전을 썼다. 지금의 산방은 소치가 생전에 자신이 살고 있는 집을 부채산수화로 그려 놓은 것을 보고 복원한 것이다. 후덕한 첨찰산 자락 운림산방에서 정면으로 바라보이는 탐랑 목성의 문필봉이 일품이다.

고려 최후의 항몽지 진도의 특산품으로는 영리하기로 소문난 진돗개와 알코올 함량 40% 이상의 고도주이면서도 향이 은은하고 맛이 부드러운 선홍빛의 홍주가 있다. 전라남도 무형문화재로 지정된 진도홍주는 진도에서만 제조되는 전통주로 뒤끝이 깨끗한 것이 특징이다.

6. 고산 윤선도의 고택 녹우당과
엄청난 기(氣)가 느껴지는 절, 해남 대흥사

덕음산이 포근히 감싸 안은 해남 윤씨 종택 녹우당. 고산 윤선도와 공재
윤두서가 이 집에서 났다.

해남읍의 녹우당(綠雨堂)은 전라남도에 남아있는 민가 가운데 가장 규모가 크고 오래된 집으로 고산 윤선도 선생의 고택이자 해남 윤씨 종택(宗宅)이다. 강진 쪽에 터 잡고 살던 윤씨들이 해남으로 옮겨온 것은 고산의 증조부인 어초은 윤효정(漁樵隱 尹孝貞)으로 그 후 해남을 본관(本貫)으로 삼게 되었다.

윤효정은 해남 정 부자의 외동딸과 결혼, 처갓집 재산을 물려받고 일약 거부가 되었다. 많은 재산을 털어 난민을 구휼하고 세금을 대납하여 죄인을 방면케 하는 개옥문(開獄門)을 세 차례나 실시하여 적선지가(積善之家)란 칭송을 들었다.

녹우당은 해남 윤씨 종택 전체를 통칭하지만 원래는 그 사랑채의 당호(堂號)이다. 고산은 뒤에 효종임금이 되는 봉림대군의 사부가 되는데, 효종은 즉위 후 어린 시절의 사부였던 고산을 위해 수원에다 집을 지어 주었다. 효종이 죽고 고산이 고향으로 내려오면서 수원의 집 일부를 옮겨 왔는데 그것이 지금의 녹우당 사랑채이다.

해남 윤씨 종가에서는 윤씨 집안 만대의 유언으로 장자상속 원칙이 지켜져 왔다. 그로 인해 엄청난 재산으로 불려 갈 수 있었음은 물론 이 재력을 바탕으로 인재를 키워내고 학문과 예술을 통해 많은 문화유산을 남기게 된다.

대표적인 인물이 [오우가]·[어부사시사]·[산중신곡] 등과 같은

선비화가 공재 윤두서의 자화상. 조선시대의 초상화 중 최고의 걸작으로
치며 국보로 지정되어 있다.(출처: 네이버 블로그 '잠시 쉬어가도 좋아라')

문학작품으로 널리 알려진 고산 윤선도와, 고등학교 국사·미술 교
과서에 빠지지 않고 실리는 '자화상'으로 유명한 선비화가 공재 윤
두서이다.

공재 윤두서는 고산의 증손자로 겸재 정선, 현재 심사정과 함께
조선 후기의 3재로 일컬어지는 문인화가이다. 그의 '자화상'은 조선
시대의 수많은 초상화 중 최고의 걸작으로 국보 제240호로 지정되
어 있다.

조선시대 대표적인 실학자인 다산 정약용도 공재 윤두서의 손녀
사위이다. 다산은 강진에 유배와 있으면서 처가인 해남 윤씨들의 도
움을 크게 받았다. 유배 생활 중 많은 저술활동을 할 수 있었던 것

도 처가에 있는 수많은 장서들을 가져다 볼 수 있었기 때문에 가능한 일이었다.

역사적으로 당대의 쟁쟁한 학자와 문인·예술가들이 머물거나 교류한 곳이며, 호남의 유교문화와 문화예술의 중심 공간이 되었던 녹우당은 지금 해남 윤씨 14대 종손이 거주하고 있다.

녹우당이란 산기슭 비자나무에 한바탕 바람이 몰아치면 우수수 봄비 내리는 소리처럼 들린다 하여 붙여진 당호라 한다.

고산 윤선도 고택 뒤에는 맨 처음 이 마을에 터를 잡은 고산의 증조부 윤효정의 묘가 있다. 묘소에서 한참을 더 오르면 "뒷산의 바위가 보이면 마을이 가난해진다" 하여 윤효정의 유언에 따라 심었다는 수령 500여 년의 비자나무 숲(천연기념물 제241호)이 있다. 마을에서 보이는 뒷산의 험한 바위를 숲으로 가리기 위해 심어놓은 비보수(裨補樹)인 것이다.

이곳 연동마을의 고산 윤선도 고택은 풍수지리학적으로도 소문난 명당 터이다. 백두대간의 정기가 호남정맥을 타고 내려와 해남의 땅 끝에 멈추면서 이룩한 큰 명당이 두륜산의 해남 대흥사인데, 두륜산으로 가는 길목 덕음산 아래 맺어놓은 또 하나의 명당이 녹우당이다.

청룡 끝자락에 박혀있는 서기양명한 암괴. 청룡 끝에 큰 암석이 있으면
재물뿐만 아니라 문장이 뛰어난 선비가 난다고 한다(靑龍頭之立石出文章
之才士).

특히 내청룡(內靑龍)에는 서기양명(瑞氣陽明)한 암괴가 박혀있다. 청
룡이 유정하고 끝에 큰 암석이 있으면 재물뿐만 아니라 문장이 뛰
어난 선비가 난다고 일부 지가서에서는 말하고 있다(靑龍頭之立石出文
章之才士).

녹우당 앞에서 바라보는 우측의 균형 잡힌 문필봉도 아름답기
그지없다.

어초은 윤효정이 아들의 진사시 합격을 기념하여 심었다는 수령 500여
년의 은행나무 앞에서 바라보이는 수려한 문필봉.

해남 윤씨 가문과 풍수지리와는 여러모로 인연이 깊어 보인다. 우선 고산이 풍수지리학의 대가였으며, 유물 전시관에 전시된 공재 윤두서의 유품 중에도 천문지리에 관한 서적들과 풍수에서 활용하는 패철이 있다.

윤선도는 효종임금이 죽어 장사 지낼 때 왕릉 선정에 참여할 정도로 풍수지리에 해박한 지식을 가지고 있었다. 조선조 광해군 때 교하천도론을 주장했던 유명한 풍수학인 이의신에게서 풍수지리학을 익혔다.

정확히 확인하기는 어려우나 이의신이 고산의 당고모부라는 설과 매부였다는 설이 있다.

고산과 이의신 두 사람 사이에는 재미있는 설화가 있다.

이의신이 해남의 녹우당에서 고산과 함께 기거하고 있을 때, 이의신은 밤이 깊어지면 아무도 몰래 말을 타고 어딘가를 갔다가 새벽녘이면 돌아오곤 하였다. 평소 이의신의 풍수 실력을 알고 있던 고산은 이의신이 자신의 신후지지(身後之地: 죽은 뒤 자신이 묻힐 자리)로 명당을 찾고 있는 중일 것이라 짐작했다.

어느 날 고산은 꾀를 내어 이의신에게 술을 잔뜩 먹여 곯아떨어지게 하였다. 그리고 마구간에 있는 이의신의 말에 올라탔다. 말은 자기 주인 이의신이 밤중이면 언제나 가곤 하던 그 길을 따라 한참을 가다가는 어느 지점에서 스스로 멈추었다.

매일 저녁 오던 곳이라 주변에는 말똥과 담배꽁초가 어지럽게 널려 있었다. 고산이 말에서 내려 살펴보니 과연 천하의 명당이었다.

고산은 표식을 해 두고 집으로 돌아와서는, 다음날 이의신에게 자신이 잡아놓은 자리가 하나 있는데 한번 보아달라고 하였다. 마다할 리가 없는 이의신이었다.

그러나 고산이 안내한 곳은 바로 자신의 신후지지 자리가 아닌가? 이의신은 깜짝 놀랐다. 그러나 그는 '명당에는 임자가 따로 있다'라는 사실을 깨닫고 그 자리를 고산에게 양보했다고 한다.

서산대사께서 만년불패지지(萬年不敗 之地)라 했다는 해남 대흥사 뒤의
우람한 산세.

해남 윤씨 가문 발복의 근원으로 얘기되는 해남군 현산면 구시
리 고산 윤선도의 무덤자리가 바로 그 자리이다.

고산 윤선도는 당쟁의 와중에서 귀양살이를 마치고 돌아온 말년
에, 시끄러운 세상을 멀리하고 이곳 해남에서 안빈낙도하며 지냈다.
마음껏 풍류를 누리는 가운데 [산중신곡]·[어부사시사] 등 국문학

사에 길이 남을 빛나는 작품을 많이 남겼다.

고산 윤선도 고택에서 나오는 길에는 일찍이 서산대사가 "1만 년 동안 패하지 않을 천하의 명당(萬年不敗之地)"이라 했다는 대흥사가 있다.

장풍국(사방이 산으로 둘러싸인 형국) 명당의 전형처럼 보이는 대흥사 터는 우람한 산세가 얼핏 보기에도 엄청난 기를 느끼게 한다.

옛말에 '명산(名山)에 명당 없다' '고산(高山)에 명당 없다'는 말이 있는데, 이렇게 큰 산은 기의 응결이 대단히 강하기 때문에 하찮은 인간의 유골 하나가 감당하기에는 너무 벅차다는 데서 나온 말이다.

따라서 명산에는 음택(묘지)보다는 주로 사찰이 들어서는 것도 이 때문이다. 해남 대흥사는 서산대사의 의발(衣鉢)과 유품, 그리고 부도가 전해지고 있는 사찰이다.

문화재청장을 지냈던 유홍준 교수는 [나의 문화유산 답사기]에서 강진 해태식당, 서울 인사동 영희네집과 함께 해남 천일식당을 '대한민국 3대 한정식집'으로 꼽는다. 푸짐하게 나오는 떡갈비와 토속 젓갈의 깊은 맛이 일미다.

7. 고구려 시대에도 확실히 풍수는 있었다

- 다시 쓰는 풍수사(風水史)

　얼마 전 중국 길림성 집안시의 광개토대왕비와 장수왕릉을 보고 왔다. 집안시는 고구려의 수도였던 국내성이 있던 곳이다. 고주몽은 부여에서 나와 BC 37년 졸본에 수도를 정하고 고구려를 건국하였다. 국내성은 AD 3년 졸본에서 이곳으로 수도를 옮기고 427년 20대 장수왕이 평양으로 천도할 때까지 고구려의 수도였다. 이설(異說)이 있긴 하지만 일반적으로는 평양으로 천도하기까지 약 400여 년 동안 고구려의 도성이었을 것으로 본다.

　그래서 집안에는 광개토대왕비가 있고 장군총이라 불리는 장수왕릉 등 많은 고구려 시대 고분들이 있다. 석릉(石陵)과 토분(土墳)을 합쳐 약 1만여 기가 산재해 있다. 그러나 꺼묻거리(副葬品) 장례풍습

장수왕릉(장군총). 국내성의 청룡자락인 용산 밑에 잘 다듬은 화강석으로 쌓아 올렸다.

이 가져온 도굴에 의해 거의가 훼손되어 버리고 외형이 온전히 보존된 석릉은 장수왕릉뿐이다. 고구려 최고 귀족의 분묘로 여겨지는 고분들의 벽화는 그 시절 국내성의 영화를 보는 것 같다.

우리나라에 풍수가 도입된 것은 '나말려초(羅末麗初. 9세기~10세기 초) 도선국사에 의해서'라고 이야기한다. 그러나 그 이전에도 우리 선조들은 풍수라는 개념은 가지고 있었을 것으로 추정한다. 그 이유 중 하나로 고구려 시대의 고분벽화에서 발견되는 사신도를 언급한다.

필자는 사신도(四神圖)라는 벽화를 보기 전에는, 그것이 단지 사방의 산을 상징적으로 표현해 놓은 추상화 같은 그림 정도로 이해했다. 그러나 실제로 접한 사신도는 매우 구체적이고, 오랜 세월이 지났지만 아직도 채색과 상징성이 분명한 아주 섬세한 벽화였다.

나말려초 한반도에 풍수가 도입되었다고 하지만 그보다 훨씬 이전부터 우리 선조들은 풍수라는 개념을 가지고 있었다. 그렇게 추정하는 이유로 첫째, 선사시대의 무덤이라 할 수 있는 고인돌이나 그 시대에 터를 잡고 살았던 선사유적지를 보면 풍수적 요소가 짙게 깔려있다. 대개의 경우 풍수의 기본 요건인 배산임수는 물론 물이 감아 돌고 바람이 잔잔한 터 들이다.

둘째, 6세기에 그려진 것으로 추정되는 사신도의 모양이 풍수에서 얘기하는 청룡·백호·주작·현무를 정확히 그려놓고 있다. 동벽에 청룡, 서벽에 백호, 남벽에 주작, 북벽에 현무를 섬세한 필치로 생동감 있게 그려놓았다. 풍수지리학의 사신사 개념과 일치한다. 분명 그 시대의 풍수관을 뚜렷이 보여주는 것이 아니고 무엇이겠는가?

사신도는 방위만을 상징하는 그림이라기보다 무덤 속 벽화라는 걸 감안하면, 풍수적인 의미로 해석해야 타당할 것이다. 문헌으로 전해 내려오지는 않지만 6세기경 고구려에서 풍수는 살아있는 자와 죽은 자의 공간 구성 원리로 확실하게 자리매김하고 있었던 것이다.

고분 벽화 속의 백호·주작·현무의 모습. 감시원의 눈을 피해 몰래
촬영하다 청룡 사진에는 빛이 들어가 버렸다.

마지막으로 고구려의 수도였던 국내성의 입지와 광개토대왕의
능으로 추정하는 호태왕릉의 위치이다. 모두 풍수 이론에 부합하는
길지에 자리 잡고 있는 것이다. 관광버스 안에서 별생각 없이 차창
밖 풍경을 내다보다가 범상치 않은 산세에 깜짝 놀라 자세를 고쳐
앉으니, 목적지에 도착했다고 내리라 한다. 주변을 둘러보니 산세가
꽤나 아름답다. 아니나 다를까 국내성이 자리했던 집안시에 도착한
것이다.

집안시의 형세는 주산인 우산이 뒤를 확실히 받쳐주고 좌우의

산세가 청룡과 백호의 역할을 감당하기에 부족함이 없는 국세였다. 또 압록강이 좌에서 우로 감싸고도는 물이 환포하는 형국이다. 강 건너 안산은 휘장을 두른 듯 앞을 막아주고 있어 한 나라의 도읍지로 손색이 없는 명당 터였다. 어찌 보면 한양의 국세보다 훨씬 더 짜임새가 있어 보였다. 그리고 그 국세의 센터에 우산에서 내려온 맥 끝자락을 짚어 호태왕릉이 자리하고 있다. 필자는 이 대목에서 실로 경악하지 않을 수 없었다. 어떻게 이렇게 풍수적으로 딱 맞아떨어지는 국세에 도읍을 정하고 왕릉 자리를 잡을 수 있었단 말인가?

풍수가 체계를 갖춘 학문으로 한반도에 자리 잡기 이전에도, 우리 선조들에게는 사람이 자연과 더불어 살아가기에 적합한 조건의 땅을 볼 줄 아는 안목이 있었던 것이다. 동물적인 기감이라고나 할까?

체계적으로 정립된 풍수 이론은 아니었지만 경험칙으로 어떤 장소가 쾌적한 삶을 영위해 갈 수 있는 곳인지를 본능적으로 구분했던 것이다. 이런 장소가 풍수 이론에도 부합한 길지가 되는 것은 당연한 이치이다.

호태왕릉은 5세기 초 고구려 20대 장수왕(재위 412~491) 대에 조성된 능이다. 또 귀족들의 분묘에 그려진 사신도는 6세기경 그려진 것으로 본다. 길지에 도읍과 왕릉을 정하고 무덤 속에 사신도를 그려

높이 14m, 둘레 260m나 되는 초대형 무덤 고구려 광개토대왕릉. 원형이 많이 훼손되어 버렸다.

넣은 걸 보면, 고구려에서는 일찍부터 풍수지리가 생활 속에서 활용되었던 것이 분명하다.

　여기에 터를 잡은 사람의 안목에 감탄하지 않을 수 없다. 외적의 침입을 막기에 유리한 군사적 목적뿐 아니라 풍수적 논리에 입각해서도 손색없는 터이기 때문이다. 우리나라에는 고구려 시대에도 분명 풍수지리가 존재했고 실생활에 활용되었던 것이다.

　호태왕릉과 장군총의 주인공은 고분의 유품이 모두 도굴당해 추측에 의존할 수밖에 없다. 북한과 중국의 학자들에 의하면 두 능의 주인공은 광개토대왕(374~412)과 장수왕(394~491)으로 보고 있다.

끝으로 이렇게 소중한 우리의 문화유산이 매우 소홀히 관리되고 있는 것에 안타까움을 금할 수 없다. 사신사가 그려져 있는 오회묘 오호분의 석실 벽화는 물기가 흠뻑 배어있는 상태로 전시되고 있었다. 사진 촬영 등은 금하고 있었지만 천장에서는 간간이 물방울이 떨어지고 있었다. 중국 당국의 문화재 관리에 대한 천박한 인식에 다시 한번 놀랄 수밖에…

8. 제주의 자연을 닮은, 제주 유배길에서 완성된 김정희의 추사체

추사 김정희의 세한도. 극도의 생략과 절제로 소나무와 집의 본질만을 표현한 작품이다. 국보로 지정되어 있다.(출처: 네이버 블로그 '제주시청')

추사 김정희(秋史 金正喜. 1786~1856)!

조선 후기의 서화가 · 문신 · 문인 · 금석학자로 벼슬도 문과에 급제하여 성균관대사성·병조참판 등을 역임하였다. 학문에서는 실사구시를 주장하였고 서예에서는 독특한 추사체를 창안해 냈다. 우리 역사상 예명(藝名)을 남긴 사람들이 수도 없이 많지만 추사 김정희만큼 그 이름이 회자되는 경우도 드물 것이다.

추사는 조선조 훈친(勳親: 공로가 있는 임금의 친척) 가문의 하나인 경주 김씨로 증조부가 영조의 부마, 아버지가 병조판서를 지낸 명문가에서 태어났다. 그의 가문은 안팎이 종척(宗戚: 왕의 종친과 외척)으로 그가 문과에 급제하자 조정에서 축하를 할 정도로 권세가 있었다. 어려서부터 총명하고 기백이 뛰어나서 일찍이 북학파(北學派)의 거두 박제가(朴齊家)의 눈에 띄어 어린 나이에 그의 제자가 되었다.

약관을 넘긴 23세 때는 외교사절로 나가는 아버지를 따라 중국 연경으로 가게 된다. 그곳에서 그는 청나라 최고의 석학인 옹방강(翁方綱)·완원(阮元) 등과 교류, 경학(經學)·금석학(金石學)·서화(書畫)에서 이들의 학문세계에 많은 영향을 받았다.

그는 중국의 모든 서체의 장점을 밑바탕으로 해서 보다 나은 독창적인 서체를 만들어 냈다. 그것이 바로 필체가 서투른듯하면서도 맑고 고아한 추사체(秋史體)이다.

그의 학문은 경학·불교학·음운학·지리학 등 여러 방면에 걸쳐서 두루 통하였다. 청나라의 이름난 석학들이 그를 가리켜 '해동제

충남 예산에 있는 추사고택. 배산임수와 전저후고 등 양택의 기본 조건을
잘 갖추고 있다. 고택 옆에는 추사의 유택이 있다.

일통유(海東第一通儒)'라 칭찬하였고, 그 자신도 이 미칭(美稱)을 사양하
지 않을 만큼 자부심을 가졌던 민족 문화의 거성이다.

추사의 예술이 독자적 경지를 이룬 시기는 제주도 유배기로 일컬
어진다. 명문 세도가의 자제로 천재라는 칭송을 들으며 승승장구하
던 그가, 당쟁에 휩쓸려 유배지인 제주도 서귀포 대정에서 9년을 보
내게 된다. 그는 이 제주 유배 기간에 불후의 명필 추사체를 완성하
고 <세한도(歲寒圖)>를 그려내기에 이르렀기 때문이다.

[추사 김정희]라는 소설을 쓴 오성찬씨는 "추사의 글씨는 서귀포

시 대정의 자연과 많은 공통점이 있고, 그런 의미에서 추사체의 완성을 제주도 유배와 연관 짓는 것 같다"라고 말한다.

미국의 작가 호손(N. Hawthorne)이 쓴 [큰 바위 얼굴]은 중학교 교과서에도 실려 우리와 친숙한 소설이다. 이 소설 속에는 자연과 인간에 대한 풍수적 관념이 잘 그려져 있다.

소설의 내용은 "언젠가 한 아이가 이 부근(큰 바위 얼굴)에서 태어나 자기 시대에서 가장 위대하고 고귀한 인물이 될 것인데, 그 아이의 모습은 어른이 되면 마을 멀리 보이는 큰 바위 얼굴과 꼭 닮으리라"라고 하는, 예부터 대대로 전해오는 이야기에 바탕을 두고 있다.

주인공 소년 어네스트는 어머니가 들려준 그 이야기를 평생 가슴에 간직한 채 그 전설을 믿고 살아간다. 인자한 얼굴 모양을 한 마을 앞의 바위산은 마을의 수호신이나 다름없는 존재이기 때문이다.

소설의 핵심은 오래도록 구전되어온 그 예언이 어떻게 실현되는가에 있다. 세월이 흘러 마침내 예언이 실현된다. 학교 문턱에도 가보지 못했지만 큰 바위 얼굴을 유일한 스승으로 삼고 한평생을 살아온 어네스트가 바로 그 큰 바위 얼굴임이 어느 천재 시인에 의해 확인되는 것이다.

오두막집에서 가난하게 자란 어네스트이지만 인자한 모습의 큰 바위 얼굴을 말없는 스승으로 삼고 '자연(산)과의 대화'를 끊임없이 계속한 결과, 풍수에서 이야기하는 주변의 기와 나의 기가 서로 감응한다는, 이른바 '동기감응(同氣感應)'이 일어난 것이다. 서양의 소설이지만 다분히 풍수적 관념이 내재되어 있다.

인간은 그 본질에 있어서 자연과 다르지 않다. 자연의 형상에는 그 형상에 상응하는 기상과 기운이 내재되어 있다. 자연이 어떤 특정한 형태를 띨 때 사람은 그 특정한 형태로부터 영향을 받을 수밖에 없다.

인간과 자연은 마치 자식과 부모의 관계와도 같아서 인간은 주위를 감싸고 있는 자연의 심신성정(心身性情)을 온전히 닮아간다. 그래서 산의 모습은 그곳에 살고 있는 사람들의 모습이기도 하다. 심지어 주위 자연환경은 인간의 선악에도 영향을 미친다고 보는 것이 풍수에서 말하는 동기감응이다.

아무리 발버둥 쳐봐야 인간은 자연의 한 부분에 지나지 않는다. 자연 앞에 한없이 나약한 존재일 뿐이다. 그런데도 왜 순리를 거스르려는 듯 안간힘을 쓰는지⋯

추사체는 김정희가 말년에 제주도에 유배되었을 때 완성되었다. 당시 주류의 서체와 구별되는 개성이 강한 서체로 굵고 가늘기의 차이가 심한 필획과, 각이 지고 비틀어진듯하면서도 파격적인 조형미를 보여주는 것이 특징이다.

서투른듯하면서도 맑고 고아한, 괴이한 아름다움이 있는 추사체는 유배지 대정(大靜)에 있는 단산(簞山)의 기괴한 모양새에서 영향을 받았다고 말하기도 한다. 가시울타리로 둘러쳐진 외부와 단절된 유배처에서, 눈만 뜨면 바라보이는 산이 대정읍 인성리를 내려다보는 단산이었다. 귀양살이 내내 코앞에 바라보이는 산이 단산뿐이었던 것을 생각하면 그 말도 일리가 있다.

단산은 거대한 낙타가 날개를 편 모습을 연상케 한다고 하는데, 울퉁불퉁한 바위산으로 그 모양이 방향성도 없고 안정감도 없는, 그야말로 괴이한 형태의 추사체를 닮은 산이다. 김정희의 추사체는 풍수에서 말하는 동기감응이 만들어 낸 결정체라 할 수 있다.

추사 김정희가 유배생활을 했던 서귀포시 대정읍 인성리 마을 앞에는 '인성리 방사탑'으로 불리는 돌탑이 있다.

인성리 방사탑은 풍수지리적으로 마을의 남쪽이 허하여 화재가 자주 발생하고 가축이 병들어 죽어가자 이를 막기 위해 세웠다. 방사탑을 세우고 나서는 그러한 현상이 사라졌다고 한다. 그런데 1950년 한국전쟁 당시 모슬포 신병훈련소 축조에 마을 방사탑의 돌이 사용되어 훼손되자 마을에 재앙이 시작되었고, 이를 막기 위해 마을 사람들이 힘을 모아 다시 탑을 세웠다. 상부 중심에는 사람 형상의 돌을 세워 놓았다.

화산섬으로 현무암이 많은 제주에는 곳곳에서 '인성리 방사탑'과 유사한 돌탑을 쉽게 만날 수 있다. 육지의 솟대나 장승의 역할을

인성리 방사탑에서 바라보이는 단산. 울퉁불퉁한 바위산으로 그 모양이
방향성도 없고 안정감도 없는, 괴이한 형태의 추사체를 닮은 산이다.

하는 돌탑으로, 방사(防邪)의 기능과 함께 마을의 안녕을 수호하며
전염병 예방·화재 예방·해상 안전과 아이를 낳게 하고 보호해 주는
기능까지 가진다.

　추사는 유배지에서도 쉬지 않고 붓을 잡아 그리고 쓰는 일에 매
진하였다. 벼루 열 개를 갈아 닳게 했고 천 자루의 붓을 다 닳게 했
다고 한다(磨穿十研 禿盡千毫). 유배 중에 그린 <세한도(歲寒圖: 국보 제180
호)>는 김정희의 최고 걸작이자 우리나라 문인화의 최고봉으로 평

제주시 한경면 용수리 방사탑. 바다 쪽인 서쪽이 허하다고 하여 마을의
남쪽과 북쪽에 돌탑을 세웠다.

가받는다.

　추사는 1844년(헌종 10) 나이 쉰아홉에 수제자인 역관 이상적(李尙迪)에게 <세한도>를 그려 준다. 제자 이상적은 연경에 다녀오면서 스승이 필요로 하는 서책들을 구해주는 등 변하지 않는 사제의 정을 보여주었다. 이에 감동한 추사는 <세한도>에 붙이는 글에서 제자에 대한 고마움을 표현했다.

　'세한연후지송백지후조야(歲寒然後知松栢之後彫也) 날이 차가워진 연후에야 소나무와 잣나무가 뒤늦게 시드는 것을 알게 된다'는 공자의 글을 발문에 적어 자신의 심정을 간접적이나마 토로하였다.

<세한도>는 화면 오른쪽에 세한도라는 제목이 쓰여 있고, 집 한 채와 좌우로 지조의 상징인 소나무와 잣나무가 두 그루씩 대칭을 이루며 하늘로 솟아있다. 나머지는 텅 빈 여백이다. 그림 자체는 마른 붓질과 필획의 감각만으로 이루어져, 전체적으로는 극도의 생략과 절제가 돋보이는 단색조의 수묵화이다. 소나무와 집의 본질만을 표현한 작품이라 한다.

<세한도>는 추사의 학문과 예술, 그리고 삶의 굴곡과 사제의 정리 등이 고스란히 담긴 불후의 걸작으로 오늘날까지 우리에게 추사 내면의 목소리를 들려주고 있다.

9. 민족의 젖줄, 한강의 발원지를 찾아서

- 태백 검룡소(儉龍沼)

　전국적으로 연일 35℃를 오르내리는 초유의 찜통더위가 이어지고 있는 복중에도 태백엔 벌써 가을이 무르익어 가고 있었다. 여기저기서 고랭지 배추를 뽑아내는 일손이 분주하고, 한강과 낙동강, 오십천을 가르는 해발 900m 삼수령(三水嶺)의 수은주는 한낮에도 23℃를 가리키고 있었다. 민박집의 새벽 공기는 난방을 해야 할 정도로 선기가 느껴지고, 고개 숙인 서속 모가지에선 성큼 가을이 가까이 와 있음을 느낄 수 있었다.

　열대야에 힘들어하는, 유난히도 더위를 못 이기는 우리 집 여성분들을 모시고(?) 강원도 태백을 다녀왔다. 평소에 가보고 싶었던 한반도의 젖줄, 한강의 발원지 검룡소를 둘러보고 싶어서 여름

휴가지로 강원도를 택했다. 태백은 한여름에도 내륙보다 기온이 5~6℃씩이나 낮아 피서지로도 안성맞춤이다.

인류의 문명은 강가에서 시작되었다. 세계 4대 문명의 발상지는 모두 큰 강을 낀 기후가 온화하고 기름진 토지를 지닌 지역들이다. 티그리스·유프라테스강을 끼고 있는 메소포타미아 문명, 인더스 강가의 인더스 문명, 나일강의 이집트 문명, 황하의 황하문명은 모두 큰 강줄기에서 발달하였다.

세계 유수의 큰 도시들도 대개 강을 끼고 자리 잡았다. 뉴욕의 허드슨강, 런던의 템즈강, 베를린의 라인강, 한강의 기적을 일군 서울 등이 그렇다.

우리 민족도 고대 부족국가 시대부터 한강을 차지하는 부족이 번창·발전하였다. 기후·교통·토질 등 농업생산에 유리한 한강을 서로 차지하기 위해 치열한 싸움이 이어져 왔다. 한강은 우리 한민족의 젖줄인 것이다.

한강은 태백산맥에서 발원하여 강원도와 충청북도, 경기도, 서울특별시를 동에서 서로 흘러 서해로 들어간다. 수도 서울의 젖줄이면서 조선왕조 5백 년의 번영과 근세 한강의 기적은 물론, 태곳적부터 우리 민족의 문화를 찬란히 꽃 피워 낸 겨레의 젖줄이다. 한반도를 남북으로 가르며 유유히 흐르는 민족의 젖줄 한강은 도대체 어디에서부터 시작된 것일까?

강원도 태백시 창죽동 금대봉 밑의 검룡소(儉龍沼)이다.

산자분수령(山自分水嶺)이라고나 할까? 백두대간에 위치한 태백산이 국토의 꼭짓점처럼 한강과 낙동강, 삼척의 오십천으로 물줄기를 나누며 동해와 서해, 남해로 흘러들어 간다.

태백시 창죽동 대덕산(大德山) 금대봉 밑 검룡소에서 발원한 남한강의 물줄기는 강원도 정선의 골지천과 조양강, 영월의 동강으로 이어지고, 충북 단양·충주·경기 여주를 거쳐 양수리(兩水里) 두물머리에서 북한강과 합류한다. 양수리에서 북한강과 남한강이 합쳐진 한강의 물줄기는, 계속 북서방향으로 흐르면서 왕숙천(王宿川)·중랑천

검룡소. 약 20m 둘레의 조그만 물웅덩이로 보이지만 깊이는 알 수 없다고 하며, 하루 약 2,000여 톤 가량의 지하수가 솟아 폭포를 이루며 흘러내린다.

(中浪川)·안양천(安養川) 등의 소지류와 합류하며 김포평야를 지난 뒤 강화 앞 서해로 들어간다. 장장 일천삼백여리(514km)에 걸쳐 38개의 크고 작은 도시를 지나는 긴 물줄기이다.

금대봉 기슭에서 솟아나는 물이 지하로 스며들어 검룡소에서 다시 솟구치는데, 수온은 사계절 내내 9℃ 정도이며 하루 약 2,000여 톤 가량의 지하수가 솟아 폭포를 이루며 쏟아진다. 잔잔해 보이는 약 20m 둘레의 조그만 물웅덩이로 보이지만 깊이는 알 수 없다고 하며, 흘러내리는 물줄기를 보면 가히 용출되는 수량이 짐작된다.

전해오는 얘기에 의하면 이곳에 신령스러운 용이 산다 하여 검룡소라 불렀다 한다. 한때 인근 주민들이 검룡소를 메워버린 적이 있는데, 이는 승천할 때까지 조신해야 할 이무기가 인근 마을의 소를 잡아먹었기 때문이었다. 지금도 못 아래 암반에는 갈퀴에 긁힌 듯한 자국이 선연하다. 이 못에 오르기 위해 또는 하늘로 오르기 위해 몸부림쳤던 이무기의 발톱 자국이라나…?

한때는 오대산 우통수가 한강의 발원지로 알려졌으나, 국토지리원 조사 결과 우통수보다 검룡소가 32km나 더 긴 것으로 밝혀지면서 1987년 검룡소가 최장 발원지로 공식 인정되었다.

태백시의 중심부엔 옛 신라문화를 찬란하게 꽃 피웠던 낙동강의 발원지 황지(黃池)도 있다. 황지 남측에 깊이를 잴 수 없는 수굴(水窟)이 있어 1일 약 5,000톤의 물이 용출된다. 이 물은 황지천을 이루고 낙동강과 합류하여 경상북도·경상남도·부산광역시를 거쳐 남해로 흐른다. 낙동강 1,300리가 여기서부터 시작된다. [동국여지승람]·[대동지지] 등 옛 문헌에 낙동강의 근원지로 기록되어 있다.

태백의 여름은 흡사 내륙의 가을처럼 선선하다. 주차장에서 검

태백시 한복판에는 낙동강의 발원지 황지가 있다. 낙동강 1,300리가
여기서부터 시작된다.

룡소로 올라가는 약 1.5km 정도의 비포장 숲길은 한여름인데도 땀
이 나지 않는 쾌적한 산책길이었다. 여름철 피서는 바다도 좋지만
시원한 태백에서 보내도 좋을 듯…

　새벽같이 밭으로 나온, 정겨운 강원도 사투리의 농부한테서 아침
산책길에 사 온 찰옥수수가 연하고 구수하다.

10. 5형제가 나란히 과거에 급제한 육부자등과지처

- 의성 김씨 종택

육부자등과지처로 널리 알려진 안동 내 앞 마을의 의성 김씨 종택.

우리 선조들의 삶을 엿볼 수 있는 사원과 정자는 물론, 양반과 유학의 고을답게 여러 집안의 종택·고택이 즐비한 고장이 안동이다. 이곳에선 곳곳에서 보물로 지정된 고택들을 쉽게 만날 수 있다.

안동시 임하면 천전리 내앞(川前)마을에는 5형제가 나란히 과거에 급제했다는 육부자등과지처(六父子登科之處) 의성 김씨(義城金氏) 종택(宗宅)이 있다.

마을 이름인 '내 앞'이란 한자어 '천전(川前)'을 한글로 풀어쓴 것으로 마을 앞으로 반변천(半邊川)이 흐르고 있어 천전이라 하였다. 일월산 지맥이 밑으로 흐르다가 낙동강 지류 반변천과 만나며 자리를 튼 이곳은, 천이 마을 앞을 휘감고 돌아가며 자연스럽게 아름다운 모래밭을 형성해 '완사명월형(浣紗明月形)' 명당이라 불린다.

[택리지(擇里志)]의 저자 이중환도 내 앞 마을을 경주 양동마을·봉화 유곡마을·안동 하회마을과 함께 경상도의 4대 길지로 꼽았다. 안동에서도 양반 동네로 소문난 내 앞 마을은 의성 김씨 청계파(青溪派)가 5백여 년간 대를 이어오고 있다.

의성 김씨 종택은 총 55칸에 이르는 조선 중기의 양반가옥으로 임진왜란 때 불타 없어진 것을, 16세기 말 문신이자 학자인 학봉 김성일(金誠一. 1538~1593)이 다시 지은 것이다. 학봉 선생이 북경에 사신으로 갔다가 그곳 상류층 주택의 설계도를 가져와서 완성했기 때문에, 그 배치나 구조에 있어서 다른 사대부들의 집과는 많은 차이를 보이는 독특한 구조이다.

이 집이 흥미롭기는 '산방(産房)' 혹은 '태실(胎室)'이라고 부르는 생기가 응집된 방이 따로 있어서 그곳에서만 아이를 낳는다는 것이다.

대소과에 급제한 학봉 선생 5형제가 모두 이 방에서 태어났다.

학봉 선생의 부친 청계 김진(靑溪 金璡. 1500~1580)은 자신의 입신양명을 포기한 채 자녀교육에 헌신적인 노력을 기울여, 이 집을 오자등과댁(五子登科宅)으로 불리게 한 장본인이다.

청계 선생이 젊은 시절 서울 교외의 한 암자에서 대과를 준비하고 있을 때 우연히 한 관상가를 만났는데 "당신이 살아서 벼슬을 하면 참판에 이를 것이나 벼슬 생각을 버리고 자식 교육에 힘쓰면 죽어서 판서에 오를 것"이라는 이야기를 들었다.

청계는 관상가의 조언을 받아들여 과거시험을 포기하고 고향으로 돌아와 자녀교육에 전념했다. 결국 그의 다섯 아들 모두가 과거에 급제해 이 집을 오자등과댁이라 부른다. 약봉(藥峰) 김극일·귀봉(龜峰) 김수일·운암(雲岩) 김명일·학봉(鶴峰) 김성일·남악(南嶽) 김복일이 그들이다.

또한 자손들이 높은 벼슬에 올라 청계 선생은 이조판서에 증직되었는데, 때문에 육부자등과지처(六父子登科之處)로 널리 알려지게 되었다.

의성 김씨 종택의 산방. 대소과에 급제한 학봉 선생 5형제가 모두 이
방에서 났다.

　다섯 명의 아들이 과거에 급제하는 일은 매우 드문 경우이며, 조
선의 [경국대전]에도 '아들 다섯이 과거에 합격한 부모에게는 임금
에게 보고해 해마다 쌀을 보내주고 부모가 죽으면 벼슬을 추증하고
제사를 지내준다'라는 조항이 있을 정도로 각별한 대우를 받았다.
　청계는 후손들에게 지나친 물질적 풍요와 엘리트 지상주의를 경
계하도록 이르기도 했다. 그는 자녀들에게 "재산은 300석 이상 갖
지 말고, 벼슬은 당상관 이상 오르지 말 것"을 주문하며 유훈으로
남겼다. 부귀영화를 추구하지 말고 분수를 지키며 청빈한 삶을 살도

록 가르쳤던 것이다.

5형제가 과거에 급제한 것도 대단한 일이지만 모두가 학문이 뛰어나고 강직한 선비로서 각자 일가를 이루었다는 점은, 청계가 어떻게 자식들을 교육시켰는지 그의 교육철학을 짐작해 볼 수 있는 대목이다.

종택 위쪽에는 사당이 자리하고 있는데 이 사당에는 청계 선생을 불천위(不遷位)로 모시고 있다. 불천위란 고조까지 4대봉사(四代奉祀)하게 되어 있는 제사를, 왕의 특별한 배려로 영구히 모실 수 있도록 허락된 신위(神位)를 말한다. 나라에 큰 공훈이 있거나 도덕성과 학문이 높은 분들에게 주어지는 조선시대의 특별한 제도이다.

의성 김씨 종택의 산방은 그 후 후손 김방렬이 헐어 버리고 마루를 깔아 대청으로 만들었다. 영천의 영일(迎日) 정씨네로 시집간 딸이 친정으로 와 그 방에서 두 아들을 낳았는데, 그들이 대과에 급제하자 집터의 정기가 쇠약해진다고 생각한 것이다.

그러나 현재 이 집에 살고 있는 종손은 태실의 발복을 믿고 없앴던 태실을 다시 온돌방으로 꾸며 놓았다. 맏며느리가 친정에 가서 딸을 낳아온 뒤 후사가 없자, 해외에 근무하는 아들이 휴가를 얻어 돌아오면 그 방에서 지내게 했더니 손자가 생겼다고 한다.

의성 김씨 종택의 안채 대청마루는 세 개의 단으로 구성된 아주 특이한 형태인데 현존하는 한옥 중 유일한 것이라 한다. 단을 달리한 이유는 윗사람이 앉는 마루와 아랫사람이 앉는 마루의 높이를 달리해 마루에 앉을 때도 장유유서(長幼有序)의 위계를 철저히 지켰던 것이다.

상방의 할머니, 안방의 안주인, 작은방의 며느리, 시집가지 않은 딸 등 안채 사람들도 자신의 처지에 맞게 대청의 적당한 곳에 앉거나 섰던 것이다.

세 개의 단으로 구성된 종택의 안채 대청마루. 윗사람이 앉는 마루와
아랫사람이 앉는 마루의 높이를 달리해 장유유서의 위계를 지켰다.

이렇게 유교사상이 뼛속까지 배인 보수적인 안동 양반들이 기울어가는 국운(國運) 앞에서는 반상을 가리지 않고 의병으로, 독립군으로 떨쳐 일어나는 대목에서는 존경스러운 마음 금할 수 없다.

1910년 12월 24일, 내 앞 마을의 노 선비 백하 김대락(1845~1914)은 의성 김씨 일가를 이끌고 만주로 망명길에 오른다. 경술국치 4개월 후, 그때 나이 65세. 빼앗긴 나라를 되찾을 독립투쟁 기지를 건설하기 위해 문중 사람들을 이끌고 집단 망명한 것이다.

내 앞 마을은 50여 호의 자그마한 마을이지만 백하를 비롯한 독립운동 유공자를 25명이나 배출한 의로운 마을이다. 서로군정서(西路軍政署)의 참모장을 지냈던 만주벌 호랑이 김동삼(1878~1937)과, 백하의 아들로 해방 직후 남북 연석회의 임시의장을 맡았던 김형식(1877~1950)이 내 앞 마을 출신 독립운동가이다.

실로 안동의 양반들은 노블레스 오블리주를 온몸으로 실천한 사람들이다.

내 앞 마을을 이야기하며 빼놓을 수 없는 것이 반변천 수중에 조성되어 있는 반월형 섬 위의 소나무 '개호송(開湖松) 숲'이다. 개호송 숲은 이 마을에 맨 처음 터를 잡은 청계 선생의 부친이 풍수적으로 허술한 수구(水口)를 비보하기 위해 조성한 비보 숲이다.

임진왜란 직후인 선조 38년(1605) 대홍수 때 유실된 것을, 청계의 손자 김용이 선조들의 유지를 받들어 마을 사람들과 함께 1,000여

내 앞 마을의 열린 수구를 비보하기 위해 조성한 반변천 수중의 개호송 숲.

그루의 소나무를 다시 심었다. 의성 김씨 후손들은 문중의 흥망을 걸고 이 숲을 지켜왔다는데, '이 숲이 없으면 내 앞 마을도 없다'는 결의가 담긴 [개호금송완의(開湖禁松完議)]라는 문중 규약이 전해온다.

내 앞 마을에는 둘러볼만한 고택이 여럿 있다. 의성 김씨 종택 외에도 귀봉 종택, 제산 종택, 백인재(百忍齋), 협동학교 교사로도 쓰였던 백하구려(白下舊廬), 김동삼 선생 생가 등 많은 고택들이 안동의 선비정신과 의로운 독립정신을 웅변으로 대변하고 있다.

11. 서 · 남해안 지방에 남아있는 독특한 장례문화

- 선유도와 청산도에서 만난 초분(草墳)

필자가 어릴 적 시골에서 라디오로 일기예보를 듣던 시절엔 기상 청이 서해상 날씨를 예보하면서 고군산열도의 풍랑과 파고를 꼭 이야기했다. 그만큼 고군산열도는 고기잡이배가 많이 모여드는 주요 어장이었던 모양이다.

그럼 고군산열도는 어디인가?

군산과 부안 사이의 선유도를 포함한 주위의 신시도·무녀도·장자도·비안도·방축도 등을 고군산열도라 한다.

선유도는 본래 군산도라 불렸다. 조선 초 왜구의 침략이 극심했던 시절, 조선 태조가 왜구를 방어하고자 수군 부대를 서해안의 전

략요충지인 선유도에 배치한 데서 유래한다. 이후 왜구가 선유도를 우회하여 내륙으로 들어오는 사례가 빈번해지자 세종 때에는 아예 군산도의 수군 부대를 금강의 입구인 진포(현재의 군산시)로 옮긴다. 그 뒤 진포는 지명이 군산으로 바뀌고 본래 군산도(선유도)는 옛(古) 군산이라 칭하게 되었다.

고군산열도 중에서도 선유도 앞바다는 조기잡이 배들이 많이 모이는 곳이었다. 불과 30~40년 전까지만 해도 조기철이면 전국에서 잡은 조기가 모두 이곳으로 모여 큰 파시가 열렸다. '여수에서 돈 자랑 말라' 하는 얘기가 있는데 선유도에도 '선유도에서 돈 자랑하지 말라'는 얘기가 있는 부유한 섬이었다. 지금은 조기떼가 사라지고 어업이 시들해졌지만 천혜의 수려한 자연경관 덕분에 휴가철이면 관광객이 넘쳐난다. 선유도는 배를 타야 들어갈 수 있는, 교통이나 숙박시설이 열악한 섬이었지만 지금은 연육교가 완성되어 자동차로 쉽게 들어갈 수 있다.

선유도 초분

임산부가 누워 있는 것 같은 모양의 선유도 산세.

선유도에는 아직도 초분(草墳)이 남아있다. 초분이란 서·남해안의
도서지역에 남아있는 전통 장례 풍속이다. 군산·영광·함평·해남·
진도 등 도서지방에서 국지적으로 행해지던 독특한 장례문화이다.
화장이 대세로 자리 잡으면서 지금은 도서지방에서도 찾아보기가
쉽지 않은 사라져버린 풍습이지만, 선유도에서는 그 맥이 이어져 내
려오고 있는 것을 확인할 수 있었다.

조상이 묻혀있는 땅에 생(날) 송장을 묻을 수 없다는 믿음과, 정월
에는 사람이 죽어도 땅을 파지 않는다는 전래의 섬지방 풍습 때문
에, 3~5년간 가매장을 하였다가 육탈이 된 뒤에 땅에 묻는 이중 장
례의 형태이다.

초분의 유래에 대해서는 여러 설이 있는데 뼈에 영혼이 깃들어

청산도 초분

있다고 믿었기 때문에 생긴 풍습이라 하기도 하고, 상주가 바다에 나가 장례를 치를 수 없는 경우가 있어서 생긴 풍습이라 말하기도 한다.

초분은 사람이 죽으면 일단 송장을 풀이나 짚으로 덮어두는 장례방법으로, 3년에서 5년 정도 지난 후 육탈이 되면 뼈를 골라 시루에 쪄서 땅에 묻는다.

섬에서 나고 자랐다는 나이 든 분들의 고증에 의하면, 초상이 나면 먼저 집에서 가까운 동네 뒤의 야산 자락에 땅을 평평하게 다지고 자갈을 20cm 정도 쌓는다고 한다. 그리고 돌 위에 바다를 바라볼 수 있도록 관을 놓고, 그 위에 비가 새지 않고 들짐승으로부터

전북 군산시와 부안을 잇는 약 34km에 달하는 새만금 방조제.

시신을 보호하기 위해 짚·풀 등으로 엮은 이엉으로 둘러친다. 마지막으로 바람에 이엉이 날아가지 않도록 용마루를 틀어 올린다. 흡사 우리네 고향마을에서 만날 수 있는 아담한 초가지붕을 연상케 하는 정겨운 모습이다.

오래전 인기리에 상영되었던 임권택 감독의 영화 '서편제'로 널리 알려진 청산도에서도 초분을 만날 수 있었다. 서편제는 광주·강진·해남·보성·진도 등 섬진강 서쪽지방을 중심으로 이어져 온 남도민의 섬세하고 애절한 정서가 담긴 판소리이다.

하늘과 바다, 산 모두가 푸르른 섬 청산도는, 시간이 멈춰 버린 것 같은 고요와 천혜의 자연경관이 어우러져 느림의 미학을 만끽할 수 있는 슬로시티로 알려져 있다. 번거로운 일상에서 벗어나 자연이 주는 편안함 속에서 힐링할 수 있는 곳으로 많은 관광객이 찾는다. 청산도에도 군데군데에서 초분이 남아있는 것을 볼 수 있었다.

정감록에는 우리나라의 수도가 송악에서 한양으로, 한양에서 계룡산으로, 계룡산에서 가야산으로, 다음으로 고군산 군도가 1000년 도읍지가 된다는 예언설이 있다. 고군산 군도의 중심인 새만금이 국제적인 도시로 발돋움하게 되면 수도처럼 번성할 수도 있지 않을까 하는 엉뚱한 상상을 해본다.

제2장

풍수무전미(風水無全美)
– 미흡한 땅은 고쳐 써야 …

풍수는 인간이 살아가기에 적합한 땅을 찾되,
자연적 조건의 미흡함은 보완하여
인간과 자연의 조화를 추구하는 전통 환경 사상이다.

1. 앵무새 명당 송가인 고향마을의 비보지명

- 여기산 · 귀성 · 장구포 · 북마을…

남도지방에 가면 여수에서 돈 자랑하지 말고, 순천 가면 얼굴 자랑하지 말고, 벌교에서는 주먹 자랑하지 말라는 얘기가 있다.

일제 강점기 여수항이 개항되고 전라선이 개통되며 여수와 일본 시모노세키를 연결하는 정기여객선이 드나들게 된다. 모두 일제의 필요에 의한 것이었지만 남해안 해상교통의 중심도시로 부상한 여수에는, 고깃배가 수시로 드나들고 선원들은 곳곳에서 돈을 푼다. 돈과 사람이 여수로 몰리면서 생긴 말이 "여수에서 돈 자랑하지 마라"이다.

순천의 얼굴 자랑은 잘 생기고 못 생긴 것을 기준으로 하는 '얼굴 자랑'이 아니라 실력을 겸비한 '인물'을 말하던 것이 와전되었다고 한다.

벌교는 오래전부터 보성과 순천, 승주와 고흥을 잇는 도로가 지나고 철도역이 있는 교통 요충지이다. 예전에는 역전 근처에 으레 소위 주먹 좀 쓴다는 왈패들이 포진하고 있었다. 일제 치하에서 벌교 역전의 왈패들이 일본인과의 주먹싸움에서 매번 일본인들을 통쾌하게 때려눕히면서 '벌교 주먹'이 이름을 얻었다고 한다.

그런데 진도 사람들은 진도에 와서 소리 자랑하지 말라고 한다. 진도는 실로 창과 판소리, 노래와 음악의 고장이다. 창은 진도 사람들의 일상이 되어 생활 속에서 자연스럽게 구현된다. 웬만하면 판소리 한 두 소절은 다 할 줄 안다. 논일하는 농부, 김매는 아낙, 시장통 생선가게 할머니까지 소리를 청하면 즉석에서 구성진 가락을 멋들어지게 뽑는다. 주말이면 판소리·강강술래 같은 민속 국악공연이 상시 열린다. 한 도에 한두 명 나올까 말까 하는 명창이 즐비한 곳이 진도이다.

진도 고유의 민속예술인 강강술래·진도 씻김굿·남도들노래·진도 다시래기는 국가 중요 무형문화재로 지정되어 있고, 진도 만가·진도 북놀이·진도 아리랑·남도잡가·조도닻배노래·소포걸군농악 등은 전라남도 무형문화재로 지정되어 전통 민속의 맥을 이어가고 있다.

송가인의 고향집.

미스트롯 우승자로 트로트의 붐을 일으키며 왕성하게 활동하고 있는 트로트 가수 송가인도 진도 출신이다. 그런데 필자는 우연히 진도에 들렀다가 이 고장에 서린 '소리의 기운'을 느낄 수 있었다.

여기산 밑에 자리 잡은 국립 남도국악원 전경.

송가인이 태어난 고향마을은 진도군 지산면 앵무리이다. 사람의 흉내를 내어 말을 잘 따라 하는 앵무새 형상의 산 아래에 있는 마을이다. 이곳의 진산은 여귀산(女貴山)인데 원래는 여기산(女妓山)이라 불렀다 한다. 노래나 춤에 능한 기녀의 기운이 서린 산으로 멀리서 바라보면 여인이 누워있는 모습으로 보이기도 한다.

여기산 바로 아래 마을의 이름은 소리 성(聲)자가 들어가는 귀성(貴聲)이다. 그런데 귀성마을에는 민족음악을 보존·전승하고 발전시켜 나가는 국립 남도국악원이 들어서 있다. 우리나라에 4곳밖에 없다는 국악원이 이곳 조그마한 섬마을에 자리 잡고 있는 것이다. 우연일까? 아니면 필연이었던 것일까?

또 앵무새 형세의 터에 자리 잡았다는 앵무리 앞 동네는 장구포, 옆 동네는 북마을(고산마을)이다. 거문고가 운다는 명슬리(鳴瑟里)와 명금(鳴琴) 마을도 송가인 고향마을에서 가까운 거리에 있다.

우리의 산야에는 어느 곳이나 그곳만의 독특한 기가 있다. 오래전부터 불리어 오는 지명에는 선조들의 지혜와 함께 그 땅의 기운이 은연중 스며들게 마련이다. 온양리(溫陽里)와 온정리(溫井里)에 온양온천, 백암온천이 개발되었다거나, 청주공항의 이륙장과 착륙장의 과거 지명이 비상리(飛上里), 비하리(飛下里)였다는 사실은 잘 알려진 일이다.

기의 세계란 참으로 오묘한 것이다. 피부로 느끼고 눈에 보이는 것만이 세상의 전부는 아니다. 느끼지 못하고 보이지 않는 것이라 하더라도 마음속에 그렇다고 하는 강한 믿음을 가지면 그것이 곧 현실이 되기도 한다.

귀인이 난다는 옥녀봉 아래 마을에서는 옥녀가 단장하는데 필요한 물건들인 참빗봉·분통사·명경봉과 같은 산 이름으로 그 터의

멀리서 바라본 송가인 고향마을 지산면 앵무리 뒷산. 앵무새 부리 부분에
송가인의 고향집이 자리하고 있다.

기운을 보존하려 했던 것이 지명에 깃든 선조들의 지혜이다.

여기산(女妓山) 아래 귀성(貴聲)마을·앵무리·장구포·북마을·명슬
리(鳴瑟里)와 명금(鳴琴) 마을은 진도 땅에 서린 '소리의 기운'을 담고
있는 비보지명(裨補地名)으로 보아야 한다.

진도는 분명 '소리의 기운'이 충만한 땅이다. 선조들은 이미 그 기
운을 지명에 반영해 놓은 것이다. 진도가 전통국악과 다양한 민속
음악을 잘 보존하고 수많은 예능보유자를 배출하게 된 것은, 우연이
아닌 오래전부터 예견된 터의 기운 때문일 것이다.

송가인의 인기가 높아지면서 그의 고향집은 요즘 많은 관광객이 찾는다. 진도군 전체 경제까지 활성화되고 있다고 한다. 진도군에서는 동네 입구에 '송가인 마을'이라는 안내판을 붙이고 송가인 마케팅에 열을 올리고 있다.

인걸지령(人傑地靈)이라 했는데 그럼 송가인의 출현도…?

2. 이야기 속 신화가 살아 숨 쉬는 곳

- 운주사 천불천탑 · 쌍봉사 대웅전 · 나주 동문 밖 석당간

　운주사는 천불천탑(千佛千塔)과 와불(臥佛: 누워 있는 부처)로 유명한 절이다. 현재는 석불 93구와 석탑 21기 밖에 남아 있지 않지만 1481년에 편찬된 동국여지승람(東國輿地勝覽)에는 석불·석탑 각 일천기씩이 있다고 기록되어 있다.

　1632년에 편찬된 능주 읍지에도 '운주사는 현의 남쪽 이십 오리에 있으며 천불산 좌우 산 협곡에 석불·석탑이 일천씩 있고, 석실에 두 석불이 서로 등을 맞대고 앉아 있다'는 기록이 있는 것으로 보아 조선 중기까지도 일천씩의 석불·석탑이 실재했던 것으로 보인다.

　그러나 험난한 세월을 거쳐 오면서 훼손·멸실되기도 했지만 삶

신화가 살아 숨 쉬고 있는 운주사 전경.

이 고단한 민초들의 필요에 의해 논두렁 밭두렁을 쌓는 축석이나 누군가의 무덤 앞에 놓는 상돌로, 어느 집의 주춧돌이나 우물가 빨래돌로 대부분이 사라져 버렸다.

절이 한때는 폐사(廢寺)되어 방치된 채 널브러져 있었을 터이니 한두 개 가져간다고 문제 될 것이 없었을 것이다. 지금에 와서 생각해 보면 안타깝기 그지없는 일이다. 그래서 어떤 이는 지금이라도 운주사가 있는 화순군 도암면 일대를 문화유적지로 지정해서 대대적인 발굴 작업을 해야 한다며 무심한 세월에 자취를 감춰버린 소중한 문화유산에 대해 아쉬운 회한을 토한다.

운주사의 천불천탑은 크기도 모양도 모두 제각각으로 다양한 개성을 나타내고 있다. 어느 것 하나 같은 것이 없는, 각자의 개성이 살아 숨 쉬는 한국불교미술의 정수(精髓)를 보는 것 같다.

어떤 돌부처는 몇 분씩 무리 지어 암벽에 기대기도 하고(여섯 군데의 암벽 불상군), 돌집에 들어앉아 있기도 하고(석조불감), 바위 벽면에 새긴 마애불이 있는가 하면 산 정상에 나란히 누워있는 와불도 있다. 전체 경내가 마치 야외 법당 같은 느낌이 든다.

그 이름도 할아버지 부처·할머니 부처·남편 부처·아내 부처·아들 부처·딸 부처·아기 부처 등으로 불리며 마치 친근한 우리 이웃들을 표현한 듯 소박하고 정겹다. 이러한 불상 배치와 불상 제작 기법은 세계 어디에서도 찾아볼 수 없는 운주사 불상만이 갖는 특별한 가치로 평가받는다.

재료로 쓰인 돌들도 화강암 재질의 강한 대리석보다 석질이 잘 부스러지는 돌로, 고도의 기술을 습득한 석공이 아니면 제작이 불

경내에 여러 모양의 크고 작은 탑과 불상이 산재해 있다.

가능하다는 이야기를 들으면, 이곳 조형자들의 기술이 가히 최고의
경지에 이르러 있었음을 짐작할 수 있다.

그러나 이 자랑스러운 문화유산에 대한 구체적인 기록이 없어 정
확한 창건 시기와 창건 세력, 조성 배경은 아직도 밝혀내지 못하고
있다.

전해오는 설화에 의하면 운주사는 도선국사에 의해 창건되었다

고 한다. 도선국사는 우리 국토의 지형을 배의 모양(行舟形)으로 파악했다. 그리고 배의 중간 허리에 해당하는 호남이 영남보다 산이 적어 배가 영남 쪽으로 기울 것을 염려하여, 이곳에 1,000개의 불상과 불탑을 조성하였다는 것이다.

높은 탑을 많이 세워 배의 돛대로 삼고, 천 개의 불상으로 배의 무게중심을 잡으면 배가 균형을 잃지 않을 것이요, 더구나 불상이 사공이 되어 배를 저어갈 것이니 풍파 또한 없으리라고 여겼던 것이다. 전형적인 국토비보 풍수사상이다.

이 전설을 뒷받침이라도 하듯 실제로 이곳에서 멀지 않은 춘양면에는 돛대봉이라는 산이 있다. 돛대봉에 돛을 달고 이곳에서 노를 젓는다는 뜻이다. 그리고 돛대봉 가까이에는 절을 지을 때 해가 넘어가지 못하도록 해를 묶어놓고 일을 했다는 일봉암(日封岩)도 있다.

역사에 기록되지 않은 천불천탑에 대한 또 다른 전설도 있다.

고려 태조 왕건은 죽기 전에 유언으로 훈요 10조(訓要十條)를 남겼다. 훈요 10조 제8훈에는 "차현이남 공주강외(車峴以南 公州江外)는 지리적 형세가 배역(背逆)하여 인심도 역시 그러할 것인즉, 설령 양민이라도 벼슬자리에 용사(用事)케 하지 마라"라고 되어있다. 이는 후백제인 즉 오늘날 호남지역 사람들을 등용하지 말라는 유언이다.

이 소식을 들은 후백제인들은 천불동에 하룻밤 사이 1,000개의 불상과 탑을 세웠다. 이렇게 하면 미륵이 나타나 평등한 세상을 만

운주사 서쪽 산 능선에 누워있는 와불. 이 와불이 일어나는 날 새로운
세상이 온다는 전설이 있다.

들어 줄 것이라고 소망하며…

그런데 두 개의 불상만 완성하면 되는 시점에 수탉 한 마리가 새
벽을 알리며 울었다. 불상을 만들던 후백제인들은 날이 밝은 것으
로 생각하고 망연자실해 다들 쓰러지고 말았다. 결국 불상은 다 완
성되지 못했고 미륵 세상 역시 도래하지 않게 되었다.

완성되지 못한 999번째(입불), 1,000번째(좌불) 불상이 바로 대웅
전 서편 산 능선에 누워 있는 와불(臥佛)이다. 운주사에는 "천 번째
와불님이 일어나시는 날 새로운 세상이 온다"는 말이 전해 내려온

다. 불국정토의 이상 세계가 열리기를 간절히 염원하는 마음으로 조성한 대불사가 아니었던가 생각된다.

고려왕조에서는 훗날 미륵불상이 일으킬 봉기가 두려워 좌불상의 둥글게 솟은 머리 가장자리를 떼어냈는데 그때부터 기이한 일들이 일어나기 시작했다.

운주사 양쪽 여닫이문을 여닫을 때 돌쩌귀와 대문에서 삐걱거리는 나지막한 소리가 나기 시작했다. 그런데 이 소리는 고려의 수도에서는 천둥소리로 들리고 왕이 사는 궁궐에서는 폭음으로 들렸으며, 지배자들의 귀에는 굉음으로 들렸다. 그래서 고려 귀족들은 운주사 문짝을 떼어내도록 했다.

이후 굉음은 사라졌지만 백성들은 언젠가는 천불동 운주사 대문이 다시 세워지고 미륵불이 완성되는 진정한 미륵 세상이 올 것이라 굳게 믿었다.

가진 자, 힘 있는 자들의 횡포는 여전히 계속되고 힘없는 서민들의 삶은 고달프고 팍팍하기만 한데, 늦었지만 지금이라도 우리 다 함께 힘을 모아 이 와불을 일으켜 세워보면 어떨까?

신화 속에 잠들어 있는 와불!! 이 와불은 정녕 일어서는 날이 있을는지…

화순 쌍봉사 대웅전. 뒷산의 모양이 배를 닮은 형국이라 하여 대웅전을
돛대의 형상으로 지었다.

아름다운 꿈과 사랑의 염원을 간직한 '운주사 와불님'은 부부 와
불로 길이 12m, 너비 10m의 바위에 누워 오늘도 말이 없다. 언제나
그렇듯이 알 듯 모를 듯한 미소를 머금은 채…

운주사는 외국인 관광객들이 다시 가보고 싶은 한국의 명소 중
으뜸으로 꼽는 볼거리가 많은 사찰이다.

지형지세를 배의 모양으로 파악하고 배의 순항을 위해 돛대를 세우는 비보풍수의 사례는 여러 곳에서 볼 수 있는데, 운주사와 가까운 화순군 이양면의 쌍봉사 대웅전과 나주시 성복동의 동점문 밖 석당간도 이에 해당된다.

쌍봉사 대웅전은 절 뒤편의 산 모양이 배의 형상이라 하여 대웅전을 돛대의 형상으로 세운, 유래를 찾아볼 수 없는 특이한 건물이다. 평면이 정사각형인 3층 전각으로 대웅전의 모습으로는 독특한 형상이다. 문화재적 가치를 인정받아 보물 제169호로 지정되었으나 안타깝게도 1984년 신도의 부주의로 인해 불타버린 것을 그 후 복원하였다.

나주 동점문 밖 석당간(보물 제49호)은 나주의 지형이 행주형(行舟形)이라 돛대를 세운 것이다. 신증동국여지승람(新增東國輿地勝覽) 나주목 고적조에 '처음에 나주에 주(州)를 설치할 때 나주 지형이 배 형국인 까닭에 그 안정을 빌기 위해 동점문 밖에는 석장(石檣)을, 안에는 목장(木檣)을 세웠다'라는 기록이 있다.

주민들은 돛대에 해당하는 석당간을 '장사 주렁 막대기''진대'라 하여 '힘센 장사가 짚고 다니던 지팡이', '긴 막대'라는 뜻으로 부른다. 지금도 '진대제'라 하여 차를 새로 사거나 소원이 있을 때 기원제를 지내기도 한다.

전라남도의 도로를 달리다 보면 다른 곳에서는 볼 수 없는 배롱나무 가로수 길을 자주 만난다. 초여름부터 늦가을까지 형형색색 피는 꽃도 아름답지만 아담한 수형이 드라이버의 마음을 차분하게 해준다. 광주광역시 북구에서는 배롱나무 꽃이 피는 10월이면 자미탄(紫薇灘: 백일홍 꽃이 핀 여울) 축제가 열린다.

3. 태종과 하륜이 궁궐을 짓고자 했던
안산 자락의 비보지명

- 부아악(負兒岳), 무악(毋岳), 떡전고개(餠廛峴), 벌아령(伐兒嶺)

　우리나라 풍수의 비조(鼻祖)라 일컫는 도선국사의 풍수사상은 명
당이니 승지니 발복의 길지니 하는 것들과는 거리가 멀다. 환경적으
로 인간이 살아가기에 적합한 땅을 찾되, 자연적 조건의 모자람은
보완하여 인간과 자연의 조화를 추구하는 전통 환경 사상이다. 고
려 시대의 풍수가 허결한 곳에 절을 짓고 탑을 세우는 등 국역 풍
수로서의 역할을 톡톡히 하게 되는 배경이다.

　조선시대의 풍수는 국교인 유교의 효 사상과 습합되어 조상의
유골을 좋은 자리에 모시고자 하는 음택풍수로 경도되며, 이것이
풍수지리학의 전부인 양 왜곡되고 미신으로 치부되기도 했다.

　또 풍수는 권력을 가진 사람들의 필요에 의해 한 시대를 이끌어

가는 정치 이데올로기로 활용되기도 한다. 고려 시대 국역풍수가 그러했고 왕조마다 때때로 등장하는 천도론이 그렇다. 천도를 주장하는 사람들은 하나같이 지기쇠왕설(地氣衰旺說)을 내세우며, 현재의 궁궐은 지기가 쇠했으니 지기가 왕성한 땅으로 도읍을 옮겨야 한다고 주장한다. 고려 인종 대 묘청의 서경 천도론, 공민왕 대 신돈의 충주 천도론, 조선 광해군 대 이의신의 교하 천도론이 대표적이다. 주로 국가 변혁기나 왕조 교체기에 신진 개혁세력이 주축이 되어 추진했지만, 민심 확보와 기득권 훈구세력의 반대에 막히곤 했다.

조선의 태조 이성계도 고려는 부패하여 더 이상 국가로서의 기능을 할 수 없다는 명분으로 역성혁명에 성공하자, 새 술은 새 부대에 담아야 된다는 생각으로 국호도 정해지기 전에 도읍을 한양으로 옮긴다. 한양 천도 이전에도 계룡산에 새 도읍을 건설하는 역사가 진행 중이었는데 경기도 관찰사 하륜의 반대로 무산되었다.

그러나 2대 정종은 다시 개경으로 환도한다. 제1차 왕자의 난과 경복궁 위에서 까마귀 떼가 빙빙 돌며 울어대는 등 여러 가지 불길한 징조가 잇따르자 환도하기로 한 것이다. 상왕 이성계도 "내가 한양으로 수도를 옮기고 나서 아내와 아들을 잃었다"라며 환도에 반대하지 않았고 태종 이방원도 찬성한다. 경복궁 터에 문제가 있다는 데 공감하고 있었던 것이다.

3대 태종은 즉위하자 개경도 이미 왕기가 쇠한 땅으로 인식하

연세대학교 대학본부. 뒤로 안산 정상이 보인다.

고 대신들의 반대에도 불구하고 새로이 도읍을 옮기고자 한다. 이 때 하륜은 무악으로의 천도를 주장한다. 하륜은 태조·정종·태종 3 대에 걸쳐 줄기차게 지금의 연세대학교 뒷산인 무악 아래에 궁궐을 지어야 한다고 주장한 사람이다.

  태종 이방원은 천도를 생각하며
  한양 옛 궁궐로 돌아갈 것인가? 아니면 하륜의 주장대로 무악으 로 옮길 것인가를 심각하게 고민하게 되는데, 한양에 대한 풍수학인들의 의견도 둘로 갈린다.

"한양의 전후에 돌산이 험한 데다가 명당에 물이 끊어지니 도읍할 수 없습니다."(풍수학인 윤신달, 유한우)

"한양이 비록 명당에 물이 없다고 말하나 광통교 위쪽에 물이 흐르는 곳이 있습니다. 전면에는 물이 사방으로 빙 둘러싸고 있으므로 도읍지가 될 만합니다."(풍수학인 이양달)

그러나 태종은 한양 궁궐에서 겪었던 골육상잔의 좋지 않은 기억들이 있어서 경복궁으로 되돌아가고 싶지는 않았다.

"내가 어찌 한양의 이미 이루어진 궁실을 싫어하고 이 풀이 우거진 땅(무악)을 좋아하여 다시 토목공사를 일으키려 하겠는가? 다만 한양이 돌 살이 험하고 명당에 물이 끊어져 도읍하기가 불가한 까닭이다. 너희들이 모두 지리를 아는데 처음 태상왕을 따라 도읍을 세울 때 어찌 이러한 까닭을 말하지 아니하였는가?"하고 풍수학인들을 질책하기도 한다.

고심 끝에 태종은 하륜의 의견을 따라 새 도읍지를 무악 아래에 짓기로 결정한다. 그러나 재정난과 대신들의 극렬한 반대로 이틀 후 무악에서 한양으로 갑자기 도읍지가 바뀌게 된다. 조선왕조실록에

인수봉. 튀어나온 바위 모양이 어머니가 어린아이를 등에 업고 있는 형상 같다고 해서 부아악(負兒嶽)이라고도 한다.

는 그 과정이 다음과 같이 기술되어 있다.

"개경, 한양(경복궁), 무악 중 어디가 좋은가를 조상을 모신 종묘에 들어가 점을 쳐서 좋은 데를 가리겠노라. 수도를 정한 뒤에는 아무리 재변이 있더라도 다른 말을 하지 말라." (태종)

태종은 종친과 대신 몇을 대동하고 종묘에 들어가 엽전을 던져

서대문구 충정로 구세군 빌딩과 종근당 사옥이 있는 떡전고개(애오개).

점을 쳤다. 결과는 한양은 두 번 좋고 한 번 나빴으며, 개경과 무악
은 두 번 나빴고 한 번 좋았다.

결과를 보고 태종은 신하들에게 "나는 무악에 수도를 정하지 못
했지만 후세에 반드시 수도로 정하는 사람이 있을 것이다"라며 현
재의 연세대학교 터에 대해 끝내 미련을 버리지 못했다. 그즈음을
기록한 왕조실록 곳곳에 '나라의 창고가 텅 비었다'는 말이 자주 언
급되는 것으로 미루어 볼 때, 대신들의 반대와 재정난이 무악 천도
를 막았던 것 같다.

연세대 뒷산인 안산(鞍山)에서 금화산, 그리고 홍익대 뒷산인 와우산(臥牛山)으로 이어지는 산자락에는 재미있는 비보지명들이 있다.

북한산 인수봉 북쪽에 튀어나온 바위의 모양이 어머니가 어린아이를 등에 업고 있는 형상인데(負兒岳), 아이가 어미 등을 뛰쳐나가면 위험하다고 생각했다. 그래서 이를 막기 위해 인수봉이 바라보이는 안산에서 목멱산에 이르는 산줄기에 지명으로 비보(裨補)를 했다.

즉 안산을 무악(毋岳)이라 하여 아이에게 뛰쳐나가지 말라(毋 - 말 무)하고, 안산 동남쪽 끝자락에 있는 고개를 떡전고개(餅廛峴)라 하여 떡으로 아이를 달랬다. 목멱산 동쪽에 있는 고개는 벌아령(伐兒嶺)이라 하여 아이가 달아나면 혼내겠다고 겁주었던 것이다.

하지 말라(毋岳)하고, 떡으로 꼬이고(餅廛峴, 애오개), 혼내겠다고 겁박해서(伐兒嶺) 아이가 어미의 등에서 뛰쳐나오지 못하게 했다.

안산은 동서의 두 봉우리로 이루어져 있는데 멀리서 보면 마치 소나 말의 안장같이 생겼다고 하여 붙여진 이름이다. 그래서 현저동에서 홍제동으로 넘어가는 고개가 무악재(毋岳峴)인데 예전에는 안현(鞍峴)이라 불렀다.

떡전고개라 불렸다는 아현동 고개(종근당 앞 애오개, 兒峴, 阿峴)를 지나니 아현 삼거리에서 신촌 로터리 쪽으로 굴레방(굴레放) 다리가 있고, 홍익대 뒷산인 와우산이 나온다.

무거운 수레를 끌던 소가 안장도 내려놓고(鞍山), 굴레도 벗어(放) 버리고, 누워서 편히 쉬는 형상(臥牛山) 아닌가?

지세가 허결한 곳에 절을 짓고 탑을 쌓고 숲을 조성하여, 살기를 방어하던 우리 선조들은 산 이름, 고개 이름에도 의미를 부여하며 지명비보로 심리적 안정을 찾았던 것이다.

하륜이 3대에 걸쳐 끈질기게 궁궐터로 주장했고 태종이 그토록 아쉬워했던 안산 밑에는, 현재 연세대학교와 이화여자대학교가 자리하고 있으며 몇 명의 전직 대통령도 거주하는 고급 주택들이 들어서 있다.

4. 숙적 일본을 견제하려 했던 호국 비보사찰, 지리산 실상사

백두산에서 시작된 산줄기는 태백산·속리산을 거쳐 지리산으로 이어지는데 이를 백두대간이라 일컫는다. 백두대간의 끝자락 지리산 주능선에서 뻗어 내려온 너른 평지에 천왕봉을 바라보고 천년사찰 실상사가 자리 잡고 있다.

사람들은 이 절을 '지리산 실상사'라 부르는데 실은 산속에 있지 않고 풍성한 들판 한가운데 자리하고 있다. 경전에 의존하지 않고 오로지 좌선(坐禪)을 통해 자신이 본래 갖추고 있는 부처의 성품을 체득한다는, 최초의 선종(禪宗)가람으로 한국 선풍(禪風)의 발상지이기도 하다.

선종의 지리 사상은 자연조건에 집착하거나 호오(好惡)를 차별하지 않고, 결점이 있는 곳은 인문적인 노력으로 보완해 나가면 좋은 터전이 될 수 있다는 혁명적이고 민중적인 풍수사상이다. 이는 도선국사를 종(宗)으로 하는 선가지리설(禪家地理說)의 기본이념이며 비보 풍수의 사상적 바탕이 된다.

고려 시대에는 도선국사에 의해 수많은 비보사찰이 지어지고, 태조 왕건은 훈요 10조 제2훈에서 "사원의 기지는 도선이 산수의 순역(順逆)을 보아 추점(推占) 한 것이니 함부로 다른 곳에 창건치 말라" 라고 하여 도선의 풍수론이 국가 통치 이데올로기로 자리매김한다. 도선의 비보풍수를 가장 잘 드러낸 것이 사찰의 건립이며, 풍수적으로 땅기운이 쇠락한 곳에 절을 세워 재난을 방지하고 국가와 백성의 안녕을 기원했던 것이다.

도선국사는 신라 말의 당면한 사회적 혼란과 분열, 백성들의 기근과 자연재해의 원인을 국토가 병들어 있기 때문이라고 생각했다. 그리고 국토 전체를 조화와 균형의 상태로 만들기 위해서는, 병든 사람에게 침과 뜸을 놓듯이 지방의 요소요소에 사탑을 설치하여 균형 발전을 도모해야 한다고 주장한다. 이것이 도선국사의 비보사탑설(裨補寺塔說)이다.

실상사는 신라 흥덕왕 3년(828)에 홍척 스님이 당나라에 유학한

종신에 조각된 일본열도. 동경 부위는 300년 이상 계속 두들겨 대서 닳아 없어져 버렸다.

뒤 돌아와 세운 호국 비보사찰이다. 당시는 왜구가 전라도와 남해안 일대에 심심찮게 출몰해 노략질을 일삼던 때다.

홍척 스님이 도선국사에게 절터를 잡아 달라고 부탁했더니, 지금의 실상사 약사전 자리에 절을 세우지 않으면 나라의 정기가 일본으로 건너간다고 하여 이 자리에 절을 세웠다고 한다. 임진왜란 때 소실되어 버린 것을 조선 숙종 20년(1694)에 중건하였으며, 고종 19년(1882) 방화로 다시 소실된 것을 고종 21년 월송대사가 세 번째 중건하여 오늘에 이르고 있다.

실상사에는 유독 일본과 얽힌 설화가 많은데 재미있는 2개의 유물이 있다. 보광전 안에 있는 실상사 동종과 약사전의 철조여래좌상이다.

실상사 동종(전라북도 유형 문화재 제137호)은 숙종 때 침허대사가 실상사를 중건하면서 주조한 것인데 이 범종에는 일본지도가 새겨져있다.

실상사에는 오래전부터 "일본이 흥하면 실상사가 망하고, 일본이 망하면 실상사가 흥한다"는 이야기가 전해져 온다. 그래서 실상사 스님들은 아침·저녁 예불 때는 물론 사람을 불러 모으거나 때를 알릴 때 등 수시로 이 종을 쳐서, 일본의 경거망동에 대해 경고하고 일본의 지기(地氣)를 교란했다고 한다.

그래서 숙적(宿敵) 일본의 번창을 경계하고 실상사의 중흥을 기원하는 의미로 일본 지도가 새겨진 종을 두드려댔던 것이다. 이 같은 이야기가 세상에 알려지면서 일제 강점기에는 주지 스님이 일본 경찰에 붙들려가 심한 문초를 당하기도 하였으며 종을 치는 것이 금지되기도 했단다.

실상사 스님들은 지금도 이 속설에 따라 일본 지도가 새겨진 동종을 마구 두드려댄다. 범종에 그려진 일본 지도 중 홋카이도·규슈 지방만 제 모습으로 남아 있을 뿐 나머지 열도는 희미해져 갈 정도로… 그래서 일본의 수도인 동경 부분은 형태를 알아보기 어렵게 닳아 버렸다.

백두대간의 정기가 일본으로 흘러가는 것을 막기 위해 만들어진 철조여래 좌상.

　최근 독도 영유권 문제나 위안부 할머니 문제에 대한 일본 정치인들의 망언이 도를 넘고 있다. 일본의 역사왜곡은 해가 갈수록 심화되어 가고, 양국 국민들 간의 적대감이 날로 고조되고 있는데 보광전 범종에 얽힌 사연은 시사하는 바 크다.

　또 실상사에 있는 철조여래 좌상(보물 제41호)도 풍수지리설에 근거하여 세워진 유물이다. 실상사의 철조여래 좌상은 절이 창건되던 통일신라시대에 제작된 것으로 높이가 무려 260cm에 이르며 무쇠 4,000근을 녹여 만들었다 한다. 결연한 모습으로 결가부좌를 하고 바르게 앉아 동남쪽 천왕봉 정상을 주시하고 있는데, 이 철조여래 좌상은 특별한 의미를 지니고 있는 불상이다.

보광전 안의 동종이 일본의 지기를 교란하여 일본의 번성을 막으려 했던 것처럼, 백두대간의 정기가 일본으로 건너가는 것을 막기 위해 세워진 불상이 철조여래 좌상이다. 좌대(座臺)도 없이 흙바닥에 앉아 지기(地氣)를 누르고 있다.

지리산 천왕봉 정상을 정면으로 응시하고 있는데 천왕봉 너머에는 일본의 영산(靈山) 후지산이 일직선상에 놓여있다. 이 때문에 가람 배치도 일본이 있는 동쪽을 향하고 있으며, 백두대간의 정기가 지리산 천왕봉을 거쳐 일본 후지산으로 건너가는 것을 온 힘으로 막고 있다. 눈을 부릅뜨고 차디찬 맨땅 위에 앉아 지기가 빠져나가지 못하도록 눌러 밟고 있는 것이다.

이 철조여래 좌상은 수인(手印)으로 보아 아미타불일 가능성이 많은데 흔히 약사불이라 부르며, 나라에 경사가 있을 때는 땀을 흘린다고 전해온다.

이 같은 구전들을 살펴볼 때 실상사는 풍수지리를 활용하여 일본을 제어하고자 했던 호국 비보사찰임이 분명하며, 오랜 역사 동안 수시로 노략질을 일삼아 왔던 왜구에 대한 선조들의 경계심이

실상사를 지키는 석장승. 절로 들어가는 다리 양쪽에 두 개씩, 총 4개가
있었으나 1936년 홍수에 한 개는 쓸려 내려가 버리고 현재는 3개만
남아있다.

대단했음을 알 수 있다. 전라북도 남원시 산내면 입석리에 위치하며
국보 제10호인 백장암 3층 석탑, 보물 제33호인 수철화상능가보월
탑 등 단일 사찰로는 보물급 이상 문화재가 가장 많은 절이다.

　단풍과 아름다운 계곡으로 유명한, 지리산 계곡 중 백미(白眉)로 꼽
히는 뱀사골이 바로 위쪽에 있으며, 뱀사골 쪽에서 흘러내린 물줄기
가 절 앞을 휘감고 돌아간다.

뱀사골은 지리산 화개재에서 산의 북사면을 따라 100여 개의 크고 작은 폭포와 소(沼)를 이루며 장장 40여 리를 흘러내리는 물줄기이다. 봄에는 철쭉꽃이 계곡을 가득 메우고 가을에는 다양한 빛깔의 단풍이 계곡을 덮으며, 여름철의 짙은 녹음은 삼복더위를 무색하게 할 정도로 냉기가 감돌아 많은 사람들이 찾는다.

뱀사골이라는 이름은 골짜기가 뱀처럼 구불구불 이어지는 데서 유래된 것이다.

5. 어금혈봉표(御禁穴封表)! 아무도 이곳에 무덤을 쓰지 말라

- 윤보선 대통령 집안도 암장했다

어금혈봉표(御禁穴封表)! 아무도 이곳에 무덤을 쓰지 말라는 임금의 친서인 셈이다.

"나뭇 가쟁이 맹이로 차고 날러가 버릴 수 없는 거이 타고난 조상의 뺙다구라면, 그거이 저 앉은 한펭상의 근본이라면, 내가 인자 저것의 조상이 되야서, 내 뺙다구를 양반으로 바꽈 줄 수는 도저히 없는 거잉게, 멩당이라도 써야제.

천하에 멩사(名師), 멩풍(名風)을 다 데리다가 묏자리 본 양반으 산소 옆구리를 몰래 따고 들어가서라도 멩당을 써야제. 우리 재주로는 어디 그런 집안으서 신안(神眼) 뫼세다가 잡은 자리만헌 디를 달리 구헐 수도 없을 팅게. 그 봉분 옆구리를 째고 들으가서라도, 양반이 쓴 멩당인디 오죽헐 거이냐.

양반 뺙다구 옆에 내 뺙다구 나란히 동좌석하고 있다가, 세월이 가고 나서 나중에는 그것도 썩고 내 것도 썩어 한자리에 한몸뚱이로 얼크러지면, 니 다리, 내 다리, 니 복, 내 복을 누가 앉어 따로 따로 개리것능가.

어찌 되얏든 그 자리다가 뫼 쓴거이 되야 부렀는디. 그런 뒤에 멩당 기운이 발복을 허면, 그 자손, 내 자손이 똑같이 받겠지."

"이제 나 죽으면 투장하여 달라"고
그는 숨을 거두면서 아들 만동이와 며느리 백단이에게 유언하였다.

최명희의 소설 [혼불]에 나오는 조선시대 팔천(八賤)중의 하나였던 무당 홍술이 유언하는 대목이다.

조선시대에는 풍수지리학이 묘지 풍수로 경도되면서 명당 발복
은 사회적 문제가 되기도 한다. 묘지 풍수를 신앙처럼 믿게 되면서
다양한 형태의 불법 매장이 성행한 것이다.

암장(暗葬 : 남의 땅에 몰래 매장하는 것), 투장(偸葬 : 이미 잡아놓은 남의 명당에
암장하는 것), 늑장(勒葬 : 남의 명당을 권력을 동원하여 강제로 빼앗는 것)은 물론 명
당 속의 유골 바꿔치기, 명당의 기존 유골과 섞기 등 명당을 차지하
기 위한 다양한 불법이 저질러졌다.

이로 인해 조선조 고을 송사의 80% 정도가 묘지 송사였다고 한다.

암장·투장·늑장의 사례는 쉽게 찾아볼 수 있는데 윤보선 전 대
통령과 전두환 전 대통령 집안에서도 암장을 했다. 윤 대통령 부인
공덕귀 여사의 자서전에 보면 윤 대통령 집안에서는 5대조 할아버
지의 묘소가 명당이라 한다. 그런데 그 자리를 얻는 과정에 대한 일
화가 있다.

흉년이 들었던 어느 해, 하루는 5대조 할아버지 댁 하인들이 길
을 가다가 정신을 잃고 쓰러져 있는 스님 한 분을 보게 되었다. 하인
들로부터 이 얘기를 전해 들은 할아버지께서는 즉시, 그 스님을 집
으로 모셔오도록 하여 정성껏 돌봐 주었다.

마침내 건강을 회복한 스님은 답례로 5대조 할아버지의 산소자

리를 잡아 주었는데, 그 자리는 덕수 이씨 집안의 땅이어서 하는 수 없이 암장을 했다는 것이다.

윤보선 전 대통령이 서거 후에 국립묘지에 묻히지 않고 5대조 할 아버지 산소가 있는 충남 아산의 선산에 묻힌 것은, 그곳이 명당이 라고 믿었기 때문이다. 윤 대통령 집안은 독실한 기독교 가문이었지 만 풍수지리는 그 집안의 또 다른 신앙이었던 셈이다.

경남 합천군 율곡에 있는 전두환 전 대통령의 할아버지 묘소도 전씨 문중 다른 파의 종중산에 암장했다. 다른 파의 파시조(派始祖) 무덤에서 불과 몇십 미터 안 되는 곳에 전두환의 할아버지 무덤이 있다.

그리고 가난하게 태어난 그가 장군이 되고 대통령이 되었다 한 다. 처음에는 암장하였다가 나중에 전두환이 출세하면서 힘을 갖게 된 뒤 봉분도 제대로 조성한 것이다. 암장의 합법화라고나 할까?

경기도 양주에 가면 지공·나옹·무학 삼대화상의 법기(法氣)가 서 려 있는 천년도량 회암사가 있다. 회암사에는 조선 최고의 풍수 무 학대사의 부도가 자리하고 있다. 스승인 나옹선사, 지공선사의 부 도와 함께 사제지간인 고승 3분의 부도가 한곳에 모여 있다. 이 자 리는 무학대사가 생전에 직접 소점한 자리라고 한다.

회암사는 인도의 스님으로 고려 땅에 들어와 불법을 폈던 지공 화상이 창건한 절로, 그 후 여러 차례의 중건을 거쳐 전국 사찰의

무학대사 부도와 부도 앞 쌍사자 석등. 조선 전기 부도 중에서 가장 뛰어난 걸작으로 꼽힌다.

본산이 된다. 한때는 절의 승려 수가 3,000여 명에 이르렀다고 하나 조선 명종 때 불교탄압에 의해 불타버린다.

회암사 터 북쪽에 모셔져 있던 무학대사의 부도는 순조 때 광주의 토호 이응준이 훼손하고, 그 자리에 자기 선친의 유골을 암장하는 만행을 저지른다.

다행히 이 일은 7년 뒤(순조 28) 세상에 알려져 이응준과 이 일을 부추겼던 지관은 외딴섬으로 유배되고 무너진 비석과 부도는 복구되었다.

명당이라고 하는 세종대왕의 영릉도 한성 부원군 이계전의 묫자리를
빼앗아 천장한 곳이다.

늦장의 사례도 부지기수인데 특히 왕실에서 명당이라고 여겨지
거나 소문난 남의 자리를 빼앗는 일이 많았다. 대표적인 예가 영릉
(세종), 광릉(세조), 선릉(성종)이다.

조선조 영릉가백년(英陵加百年)이라 하여, 이 묘를 쓰고 조선왕실의
영화가 100년은 더 연장되었다고 하는 세종대왕의 영릉은, 예종 때
상지관 안효례의 추천으로 여주에 있는 한성부원군 이계전(李季甸)의
묫자리를 빼앗아 천장한 곳이다.

이계전은 목은 이색의 손자이며 세종임금의 하관(下棺)시간을 정
할 때 우승지 자격으로 논의에 참석한 자였다. 그를 장사 지낸 지 10

년 만에 이장하고, 이계전의 청룡 자락에 있던 평안도 관찰사 이극배의 아버지이며 우의정을 지낸 이인손의 묫자리도 장사 지낸 지 6년 만에 이장되었다.

세조의 광릉도 영의정을 지낸 정창손의 아버지 정흠지(鄭欽之)의 묫자리를 빼앗은 곳이다. 조선조 27명의 임금 중에서 풍수를 선호했던 왕으로 태종·세종·세조, 그리고 정조를 꼽을 수 있는데 세조는 여러 차례의 능장을 했다.

세조의 일찍 죽은 아들 의경세자의 무덤 경릉(敬陵)은 대제학을 지낸 정이(鄭易)의 무덤 자리였으며, 성종 비(세조의 손부) 장순왕후의 무덤 자리 공릉(恭陵)은 조선 초기 동북면 도순문사를 지낸 강회백(姜淮伯)의 어머니 무덤 자리였다.

어린 조카 단종을 몰아내고 왕위에 오른 세조의 욕심이 그대로 드러나는 대목이다.

왕릉은 집안 윗대 어른의 자리를 빼앗기도 한다. 성종대왕의 선릉은 광평대군(廣平大君. 1425~1444)의 묫자리를 빼앗은 곳인데, 광평대군은 세종대왕의 다섯째 아들이니 성종의 작은할아버지가 된다.

이 밖에 흥선대원군 이하응이 가야사를 불태우고 아버지 남연군의 묘를 이장한 경우도 위세를 이용해 남의 자리를 빼앗은 능장의 사례이다.

풍수지리설에 대한 우리나라 사람들의 믿음을 말해 줄 뿐만 아니라 묘소가 갖는 사상적 배경을 이해할 수 있게 해 준다.

광서는 청나라 연호로 광서 11년은 1885년 고종 재위 22년을 뜻한다. 그리고 '어금혈봉표'란 임금의 명으로 다솔사 경내에 묘를 쓰지 못하도록 금한다는 표식이다.

당시 경상감사는 봉명산 다솔사가 풍수적으로 큰 명당이란 얘기를 듣고 이 자리를 빼앗아 자기 선친의 묘를 쓰려했다. 그러자 스님과 신도들이 들고일어나 탐관오리의 비행을 조정에 직소하고, '어금혈봉표!' 아무도 이곳에 무덤을 쓰지 말라는 나라님의 친서를 받아왔다고 한다. 이후로 다솔사 경내에는 어떤 분묘도 들어설 수 없었다.

봉긋하게 솟은 금성체의 봉명산 정상 바로 아래 자리 잡은 다솔사의 국세는 언뜻 보기에도 범상치 않다. 대웅전에 해당하는 적멸보궁 뒤로 주산에서부터 튼실하게 맥이 들어오고, 청룡과 백호가 터를 감싸고 있을 뿐 아니라 수구가 잘 관쇄되어, 누가 보아도 기가 갈무리되어 있는 욕심낼 만한 자리이다. 명당을 둘러싼 절과 권력가 사이의 분쟁에서 나라가 사찰의 손을 들어준 것이다.

묘지를 둘러싼 쟁송을 '산송(山訟)'이라 하는데 재판을 맡은 관은 왕왕 힘 있는 자의 편에 서는 경우가 많았다. 억울한 백성들은 하관할 때 참석을 금기시했던 부녀자들을 산으로 데리고 올라가, 장사를 치르지 못하게 방해하는 것이 유일한 대항 방법이었다고 한다.

400여 년이나 지속되었던 파평 윤씨와 청송심씨의 산송 과정에서 훼손된
것으로 보이는 심지원 선생 묘소 앞의 구 묘갈.

정약용은 [목민심서]에서 "싸우다 죽은 자의 반이 묘지 쟁송에
기인한다. 산송으로 인해 어버이가 흙 속으로 들어가기도 전에 가세
가 기운 자도 있다"며 묘지 쟁송을 대표적인 폐속(弊俗)으로 지적하
기도 했다.

1,500년이 넘는 유구한 역사를 간직한 고찰 다솔사는 많은 고승
과 독립운동가 등이 거쳐 갔다. 일제 강점기 만해 한용운 선생은 이
곳에 머물며 항일 비밀결사단체인 '만당'을 조직하고 민중계몽운동,

불교정화운동을 펼쳤다.

소설가 김동리 역시 1936년부터 1940년까지 이곳에 머물렀다. 김동리 선생은 산 아래에 야학을 세워 농촌계몽운동을 벌였다. [등신불]·[황토기] 등 대표작들이 이때의 체험이 바탕이 되었다고 한다.

또한 다솔사는 한국의 차(茶) 문화가 발원된 의미 있는 곳이다. 지금도 적멸보궁 뒤 산 위쪽으로 3만 3천㎡나 되는 넓은 차 밭을 가꾸고 있으며 봄이면 '다솔사 차축제'가 열린다.

'어금혈봉표!(御禁穴封表)'는 다솔사를 지금까지 오롯이 지켜낸 또 다른 유형의 비보 문화유산이다.

6. 삼척의 해신당과 척주동해비

삼척시 원덕읍 길남리에 가면 마을의 안녕과 풍어 그리고 자손의 번성을 기원하는, 어촌마을에서 흔히 볼 수 있는 서낭당이 있다. 파도가 거센 마을 북쪽의 벼랑 끝으로 돌김을 뜯으러 나갔다가 풍랑에 휩쓸려간 마을 처녀의 초상을 모신 해신당(海神堂)이다. 바닷가 어촌마을에는 더러 해신당·서낭당·해랑당 등으로 불리는 당들이 있다. 어부나 해녀 등 바다로 나가는 사람들의 일을 관장하고 수호하는 것으로 여겨 해상의 안전과 풍어를 이 신에게 빈다. 깎아지른 바위 위에 자리 잡은 길남리 해신당 안에는 여느 해신당과는 다른 특별함이 있다. 굴비 두름 엮듯 나무로 깎은 남근을 주렁주렁 매달아 놓은 것이 특이하다.

　길남리 해신당의 주인인 처녀는 마을을 지켜주는 수호신이다. 전해오는 설화에 의하면 약 500여 년 전에 장래를 약속한 총각과 함께 돌김을 뜯으러 바위섬에 간 처녀가 바닷물에 빠졌다. 총각이 점심을 가지러 간 사이였는데 총각이 돌아왔을 때는 갑자기 폭풍이 일어 배를 띄울 수가 없었다. 먼발치에서 풍랑에 휩쓸려가는 처녀를 바라볼 뿐 어찌해 볼 도리가 없었다.

　처녀가 그렇게 죽은 뒤 바다에서는 씨가 마른 듯 고기가 잡히지 않고 흉어가 계속되었다. 또 고기잡이 나간 마을의 젊은이들이 죽어 돌아오기 일쑤였다. 그러던 어느 날 총각의 꿈에 나타난 처녀는 "처녀의 몸으로 죽은 것이 원통하니 나를 위로해 달라" 하였다.

굴비 두름 엮듯 나무로 깎은 남근을 주렁주렁 매달아 놓은 해신당.

　마을 사람들이 뜻을 모아 총각이 꿈에 보았다는 곳의 향나무를 신목으로 모시고 정성을 다해 처녀의 넋을 위로하는 제사를 지냈지만 재앙은 그치지 않았다. 그러다 마을의 장정 한 사람이 정성껏 제를 드려도 별 효험이 없으니 무슨 소용이냐며 술기운에 신목에 대고 방뇨를 해버렸다. 그리고 다음날 고기잡이를 나갔는데 뜻밖에 만선이 되어 돌아왔다. 장정은 만선의 기쁨을 곰곰이 되짚어 보았다. 지난밤에 신목에 방뇨를 했던 것 말고는 특별히 다른 이유가 없다는 생각이 들자 장정은 다시 향나무에 방뇨를 하고 고기잡이에

동해비각.

나섰다. 그런데 역시 그날도 만선이었다.

이 일이 있고 난 후 마을 사람들은 죽은 처녀가 원하는 것이 남자의 양기(陽氣) 임을 깨닫고 나무로 여러 개의 남근을 깎아 제물로 바쳤다. 이후 바다와 마을이 평온을 찾았고 예전처럼 풍요로워졌다고 한다. 해신당 뒤편 벼랑 위 향나무는 신목으로 처녀의 영혼을 상징한다. 거친 바위틈으로 바다를 바라보며 신목 위에 건강한 마을의 장정이 방뇨를 하면, 마을의 어선들이 만선이 되어 돌아온다 하니 참으로 기이한 제례의식이다.

예로부터 성(性) 신앙은 풍요와 다산을 기원하는 민속신앙이었다. 성을 생명창조를 위한 성스러운 행위로 인식함으로써, 남녀 간의 성

척주동해비. 뒷면에 미수 허목이 쓴 전서체의 동해송(東海頌)이 새겨져 있다. 조수를 물리치는 신비한 힘을 지녔다 하여 퇴조비(退潮碑)라고도 한다.

적 결합을 공동체 사회의 풍요와 안녕 및 자손 번창이라는 개념으로 보았다. 그리고 이러한 기원과 바람이 곧 신앙의 형태로 승화된 것이다.

길남리 어민들은 지금도 매년 정월 대보름과 시월에는 해신당에 남근을 깎아 제물로 바친다. 마을 어민들을 수호하고 뱃길을 돌봐주는 수호신으로 모시고 정성껏 제를 올린다. 특히 시월에는 일진이 오(午)인 날에 제를 지낸다. 오(午) 날이 12지지 중에서 성기가 가장 큰 말(馬)의 날이기 때문이다.

남근숭배 사상이 어촌마을의 안녕과 풍요를 기원하는 특이한 형태로 발현된 것이라 생각된다. 해신당에 주렁주렁 매달린 남근은 많이 없어지기도 한다는데 관광객들이 가져가기도 하고 동네 아낙들이 이 남근을 품고 자면 아들을 낳는다는 속설을 믿고 가져간다고 한다.

지금은 남근숭배의 민속신앙을 테마로 여러 가지 모양의 남근을 재미있게 형상화한 성 민속공원으로 탈바꿈하여, 길남리의 해신당과 남근조각공원은 동해안의 빼놓을 수 없는 관광코스가 되어있다.

삼척의 비보풍수문화유산으로 삼척항이 바라보이는 육향산 나지막한 언덕에 자리한 척주동해비(陟州東海碑: 강원도 유형문화재 제38호)도 있다. 높이 170.5㎝, 너비 76㎝, 두께 23㎝의 척주동해비는 조선 중기의 문신으로 숙종 때 우의정에 오른 미수 허목(眉叟 許穆. 1595~1682) 선생의 글씨이다.

한때 허목 선생이 삼척 부사로 재임했는데 당시 삼척은 여름이면 태풍과 해일로 인한 피해가 심했다. 이에 허목 선생이 바람과 파도가 거센 동해바다를 달래기 위해 동해를 예찬하는 동해송(東海頌)을 짓고 전서체로 비석에 새겼다. 이 비석을 세운 후부터 조수로 인한 피해가 없어졌다고 하며, 조수를 물리치는 신묘한 힘을 지녔다 하여 이 비를 퇴조비(退潮碑)라고도 한다.

웅혼한 필치와 문장으로 자연을 다스린 혼이 깃든 예술품이 아닐 수 없다. 허목 선생은 글씨와 그림·문장에 모두 능했으며 특히 전서(篆書)에 뛰어나 그의 전서는 동방의 일인자라는 찬사를 받는다. 지금도 명문 고택의 대청이나 사랑채에서 만나는 전서체의 편액 중에는 허목 선생의 작품이 많다.

일설에 의하면 허목 선생은 이 비석이 훗날 훼손될 것을 예견하고 두 개의 비를 써놓았다고 한다. 10년 뒤 그의 예상대로 반대편 정파의 사람이 삼척 부사로 부임하여 허목의 업적비나 다름없는 척주동해비를 부숴버렸다. 그러자 당장에 바닷물이 동헌 밑까지 밀려들었다. 백성들의 원성이 자자해지자 아래 관리 한 사람이 대청마루 밑에 묻어두었던 또 하나의 비를 꺼내 다시 세웠다. 그 뒤 물난리가 잠잠해졌으며 지금 서 있는 비는 그 두 번째 비라고 한다. 치열한 당쟁 속에서 남인의 영수이기도 했던 허목 선생의 묘소는 아름다운 돌혈 강회백 선생의 묘소와 함께 경기도 연천군 민통선 안에 있다. 왕래가 자유롭지 못하지만 사전에 허락을 얻으면 군부대의 안내를 받아 답사가 가능하다.

7. 과거를 엿볼 수 있는 낙안읍성과
조정래를 낳은 선암사

옛 모습을 거의 완벽하게 유지하고 있는 낙안읍성. 성 안의 초가집들은
이곳 주민들의 실제 생활공간이다.

인위적으로 옛 모습을 재현한 민속촌이나 양반가문의 종택(宗宅) 등이 잘 보존되고 있는 경우는 여러 곳에서 볼 수 있다. 그러나 누런 초가지붕으로 뒤덮인 민초들의 삶의 터전이 숱한 세월을 거치면서도 변하지 않고 옛 모습을 그대로 유지하고 있는 경우는 찾아보기 힘들다.

바로 순천의 낙안읍성이 세월을 거슬러 살고 있는 그런 곳이다. 고려 말 왜구가 자주 침입하므로 백성들을 보호하기 위해 쌓았다고 하는 성곽 안에는 98세대 230여 명의 주민이 지금도 전통적인 면모를 그대로 유지하며 생활하고 있다. 우리가 세월을 거스르는 시간여행을 한다면 600여 년 전 우리 선조들은 아마 이런 모습으로 살고 있지 않을까 하는 생각이 든다.

낙안읍성은 한양을 모델로 하여 만든 조선시대 대표적인 지방계획도시라 한다. 조선 태조 6년(1397), 전라도 수군절제사를 지낸 이곳 출신 김빈길(? ~1405)이 교통의 요충지인 낙안에 토성을 쌓아 군사적 요새로 활용하려 했던 것이 시초이다. 세종 때에 토축(土築)의 읍성을 석축(石築)으로 개축하기 시작하여 조선 중기 북벌 운동으로 유명한 임경업 장군이 이곳의 군수로 부임하여 석성을 완성했다.

지금도 거의 완벽하게 본래의 모습을 유지하고 있는 낙안읍성은 둘레가 1,410m, 높이는 평지에서 9.5척, 면적 223,108㎡로 성안에

312동의 건물이 있다. 전체적으로 사각형의 모습인 성안에는 'T'자형 큰길을 중심으로 마을이 그물처럼 연결되어 있으며 동헌·객사 등 옛 행정기관들도 제 모습을 그대로 유지하고 있다.

동문·서문·남문 3곳의 문과 옹성(성문을 보호하고 지키기 위해 큰 성문 밖에 원형이나 방형으로 쌓은 작은 성)이 있고, 석성 내부에 동내리·서내리·남내리 세 개 마을에 주민들이 거주하며 옛 모습을 보존하고 있다.

조선시대 해안 근처 고을에는 거의 모두 읍성이 있었고 조선 말기까지 잘 보존되어 왔으나 1910년 일제의 읍성 철거령 이후 대부분 헐렸다. 현재 남아있는 대표적인 성곽으로는 조선 정조 때 쌓은 수원화성이 있고, 그 밖에 해미읍성, 동래읍성, 낙안읍성, 고창읍성 등이 있다.

조선시대 성곽유적 가운데 거의 완벽하게 원형을 유지하고 있는 낙안읍성은 2011년 유네스코 세계문화유산으로 잠정 등재되었다. 또 CNN이 선정한 대한민국 대표 관광지 중 한곳으로 사적 제302호로 지정되어 있다.

시간이 멈추어 버린 것 같은, 그래서 과거와 현재의 구분이 애매한 낙안읍성은 전래의 우리 민속 문화를 체험하며 선조들의 지혜를 배울 수 있는 곳이다. 매년 정월 대보름에는 민속한마당 큰 잔치, 5월이면 낙안 민속 문화축제·가야금 병창대회, 10월엔 맛깔스러운

동문 앞에 서 있는 석구는 풍수지리설에 의해 이곳의 산세가 강하기
때문에 이를 누르고자 세운 것이다.

남도 음식을 맛볼 수 있는 음식문화 큰 잔치가 열리며, 삼베 짜기·
물레 돌리기 등 길쌈 공예체험, 목공예·한지 공예체험, 낙안 서당,
대장간 체험 등 즐길 거리가 다양하다.

　동문 앞에는 세 마리의 석구(石狗)가 있는데 사나운 모습으로 버
티어 서서 출입하는 사람들을 감시하고 있는 듯하다. 풍수지리설에
의하면 이곳은 주변 산세가 매우 강한 터인데 이를 진압하고자 석
구를 성문 앞에 세웠다 한다. 또 낙안읍성을 받쳐주고 있는 금전산

낙민루 옆의 거대한 남근석은 뒤로 보이는 금전산 여근곡의 음기를
충화하기 위한 것이다.

에는 여근곡이 보이는데, 낙민루(樂民樓) 옆에 남근석을 세워 여근곡
의 음기를 충화(沖和)하고 있다.

　순천 여행 코스에서 빠질 수 없는 곳이 송광사와 선암사이다. 송
광사(僧寶寺刹)는 우리나라에서 가장 많은 고승대덕을 배출해 낸 사
찰로, 통도사(佛寶寺刹)·해인사(法寶寺刹)와 함께 한국의 삼보사찰로 꼽
히는 절이다.
　선암사도 태고종의 본산으로 무지개 모양의 승선교(昇仙橋: 보물 제

400호)와 강선루(降仙樓) 등 볼거리가 많고 주변 경관이 아름답기로 소문난 절이다.

어느 쪽으로 발길을 돌릴까 망설이다 송광사는 다음번에 들리기로 했다. 선암사 쪽으로 방향을 잡은 이유는 절터의 수구 쪽이 열려 이를 비보(裨補)하기 위해 지어 놓은, 아름다운 누각 강선루를 다시 보고 싶어서였다.

그리고 또 다른 이유가 있다면 일제 수탈사와 민족상잔의 비극, 현대 산업화 과정 등 우리의 근현대사를 리얼하게 그려낸 소설 [아리랑]·[태백산맥]·[한강]의 저자 조정래가 태어난 곳이 선암사라는 얘기를 들은 적이 있기 때문이다.

조정래의 아버지 조종현은 대처승으로 한때 선암사의 부주지(副住持)이었으나 사답(寺畓)을 소작인들에게 분배해 준 일로 주지와 갈등이 생겨 선암사를 떠나 순천으로 이사했다. 조정래는 어린 시절 이곳 순천에서 여순사건을 겪게 되며, 6.25 후에는 벌교상고 교사로 근무하게 된 아버지를 따라 벌교에서 생활하기도 했다.

어린 시절을 주로 순천과 벌교에서 지내면서 여수·순천 사건과 한국전쟁을 겪게 되는데 이때의 생생한 체험들을 소설 [태백산맥]에 버무려 넣은 것이다. 순천과 인접해 있는 보성군 벌교읍에는 조정래 문학관이 있다.

낙안읍성에서 시작하여 상사호를 끼고 선암사로 넘어가는 17km 의 도로명도 '조정래길'이다. 낙안읍성이 있는 금전산 자락을 따라 석정 삼거리·율치·사직골에 이르면 상사호가 나오는데, 여기서 부 터는 호숫가를 따라 승주초등학교 죽학 분교가 있는 죽학 삼거리까 지 구불구불한 산자락 길이 그림처럼 이어진다.

이 길을 달리는 동안 조우하는 차량도 손에 꼽을 정도로 한적한 도로이다. '조정래길'이라는 지명이 아니더라도, 아무 데나 차 세우 면 감정표현이 서툰 나 같은 사람도 절로 시심이 발동할 것 같은 아 름다운 드라이브 코스다.

조계산의 동쪽 기슭에 자리 잡은 선암사는 전체적으로 경사지에 석축을 쌓고 여러 층으로 기단을 만들어 가람을 배치, 독특한 아름 다움을 자아낸다.

절 입구에서 계곡을 따라 올라가다 만나는 승선교라는 아치형의 홍교(虹橋: 양쪽 끝은 처지고 가운데는 높여서 무지개처럼 만든 둥근 다리)에 이르러 서는 아름다움의 절정을 이룬다.

그 뒤에는 바로 절터의 열린 수구(水口)를 막기 위해 지었다는 강 선루가 있다. 물이 빠져나가는 수구 쪽이 열리면 다양한 방법으로 비보하는데 강선루처럼 누각을 지어 비보하기도 한다. 주로 사찰에 서 사용하는 비보의 유형이다.

신선이 하늘로 오르고, 하늘에서 신선이 내려온다는 승선교(昇 仙橋)와 강선루(降仙樓)가 하나로 어우러지면 이름만큼이나 아름다운

아치형의 석교 승선교 아래에서 바라보이는 강선루. 강선루는 수구가 허한
절 입구를 막고 서 있다.

절경이 된다.

   승선교는 계곡의 자연암반 위에 화강암으로 만든 아름다운 아치
형 석교로 아랫부분에서부터 곡선을 그려 전체의 모양이 반원형을
이루고 있는데, 물에 비친 모습과 어우러져 완벽한 원을 이룬다. 선
암사는 이 승선교와 강선루, 그리고 천혜의 아름다운 경관으로 이
름이 나 있다.

순천만 쪽으로 내려오면 한정식집의 꼬막정식이나 짱뚱어탕이
입맛을 돋우는데 순천의 인물 조정래도 꼬막정식·짱뚱어탕을 예찬
하고 있다.

8. 한국 정신문화의 수도 안동, 그리고 600년 전통의 하회마을

유네스코 세계 문화유산으로 등재된 하회마을에는 1999년 엘리자베스 영국 여왕이 방문하였다.

역사의 향기와 전통의 숨결이 살아있는 한국 정신문화의 수도 안동!

안동은 안동 김씨와 안동 권씨로 대표되는 우리나라의 으뜸가는 양반고을이다. 조선시대 퇴계 이황·서애 류성룡·학봉 김성일 등 수많은 선비들을 배출해 낸 고장이다. "조선 선비의 반은 영남에서 나고 영남 인재의 반은 선산(현 구미시)에 있다"는 말이 있는데, 영남 인재의 반은 안동에서 나왔다 해도 과언이 아닐 정도다.

안동에서도 하회마을은 임진왜란 때 영의정으로 국난을 슬기롭게 극복한 서애 류성룡 선생의 생가가 있는 풍산 류씨 집성촌이다.

이 마을은 풍산 류씨가 600여 년 대를 이어 살아온 한국의 대표적인 동성(同姓) 마을이며, 조선시대 대유학자인 류운룡 선생과 류성룡 선생 형제가 자라난 마을이다. 마을 이름을 하회(河回)라 한 것은 낙동강이 'S'자 모양으로 마을을 감싸 안고 흐르는데서 유래되었다.

하회마을은 풍수적으로도 연화부수형(蓮花浮水形: 연꽃이 물 가운데 떠 있는 형국), 행주형(行舟形: 나아가는 배 모양의 형국), 산태극수태극(山太極水太極: 산과 물이 서로 감싸 안고 돌아가는 형국) 등으로 불리는 명당 터로, 풍수지리를 공부하는 사람들은 반드시 들리는 필수 답사코스이다.

또 하회마을은 한국인의 전통적인 삶이 그대로 전승되고 있는 풍산 류씨 후손들의 생활공간으로, 조선시대의 사회구조와 독특한 유교적 양반문화를 잘 보여주고 있는 소중한 민속자료이다. 자연과

하회마을의 북쪽에 있는 깎아지른 기암절벽 부용대.

의 조화를 추구하며 살아온 우리네 삶의 가치를 세계인들도 인정하여, 2010년 7월 유네스코 세계 문화유산으로 등재되었으며 1999년 4월에는 엘리자베스 영국 여왕과 부군 필립공이 이곳을 방문하여 기념식수를 하고 '하회 별신굿 탈놀이'를 관람하기도 했다.

하회마을은 낙동강이 휘감고 돌아가는 그림 같은 수세(水勢)의 행주형 지세이다. 강 건너 마을 북쪽 기암절벽 부용대에서 바라보면,

하회마을의 수세는 마을을 감싸고 유유히 흐르는 모습이 마치 한 폭의 동양화를 연상케 하는 절경이다.

풍수지리에서 물은 마을을 활처럼 둥글게 감싸 안고 돌아 나가야(環抱) 마을의 좋은 기운을 오래 보존할 수 있어 길격(吉格)으로 치는데, 이렇게 아름다운 수세이다 보니 오래전부터 명당으로 소문난 곳이다.

하회마을에서는 부용대의 험한 바위가 보이는 것이 좋지 않다 하여 마을 북서쪽 강변에 소나무 숲을 조성하였다. 선조 때 류성룡 선생의 형 겸암 류운룡 선생이 부용대의 살기를 완화하고 북서쪽의 허한 기운을 메우기 위하여 소나무 1만 그루를 심었다. 이것이 만송림(萬松林)이다.

여름 홍수 때는 수해를 막아주고 겨울에는 세찬 북서풍을 막아주며, 지금은 마을 사람들의 휴식·문화공간으로 활용되기도 한다. 매년 7월 16일 밤, 이 숲에서는 450여 년의 역사를 가진 전통놀이 '선유(船遊) 줄불놀이'가 펼쳐진다. 하회의 선비들이 부용대 밑을 흐르는 강 위에서 행한 선유시회(船遊詩會)를 겸한 전통 불꽃놀이이다. 상상만으로도 가히 그 풍류를 짐작할 수 있겠다.

또 마을에서 가장 높은 중심부에는 수령이 600여 년이나 되는 삼신당 느티나무가 있다. 마을 사람들은 이 나무가 아기를 점지해주고 출산과 성장을 돕는 것으로 믿어 매년 정월 대보름이면 마을

풍산 류씨 입향조가 심었다는 수령 600여 년의 삼신당 느티나무. 마을의 형세가 배를 닮았다 하여 마을 한가운데에 돛대 나무를 심었다.

의 평안을 비는 동제를 지낸다.

그러나 원래 이 나무는 이 마을에 맨 처음 터를 잡은 풍산 류씨 입향조(入鄕祖)가 마을의 형세가 배 모양을 닮았다 하여 배가 순항하기를 바라는 마음으로, 마을 한가운데에 배의 돛대에 해당하는 나무를 심은 것이다.

지금은 이곳을 찾는 관광객들의 소원을 한 가지씩 들어준다는 얘기가 전해지며 저마다의 바람이 담긴 쪽지들이 주렁주렁 매달려 있다.

하회마을에서 만송림이나 삼신당 느티나무는 비보풍수의 한 유형이다. 마을의 지세를 감안하여 기가 허한 곳에 나무를 심었고, 또 배의 돛대에 해당하는 돛대 나무를 심어 자연과의 조화를 추구하려 했던 옛사람들의 지혜를 엿볼 수 있다.

전통 민속마을에 가면 흔히 만날 수 있는 잘 정비된 돌담길과, 양진당(養眞堂: 풍산 류씨 대종가), 충효당(忠孝堂: 류성룡 선생의 종택) 등의 보물로 지정된 보존가치가 큰 한옥들을 볼 수 있다. 그중에 마을의 동편에 위치해 있어 '하동고택'이라 부르는 좀 특이한 건물이 있다.

하동고택(河東古宅: 중요 민속자료 제177호)은 류성룡 선생의 후손 중 용궁현감을 지낸 류교목이 1836년에 지은 집인데, 사랑채와 안채는 기와를 올렸으나 독립된 대문채는 초가로 지었다.

후손들에게 "세상의 모든 것은 한차례 융성하면 한차례 쇠약하므로 욕심을 내어 전부 채우려 하지 말고, 부족한 가운데 노력하는 사람이 돼라"는 가르침을 주기 위한 것이라 한다. 담 밑에 심어진 맨드라미와 어우러져 더욱 소박하고 정겹게 느껴지는 건물이다.

강 건너 부용대에서 바위를 타고 내려오면 하회 마을과 낙동강이 내려다보이는 곳에 옥연정사(玉淵精舍: 중요 민속자료 제88호)가 있다. 바로 밑에 흐르는 낙동강 물의 색조가 옥과같이 맑다 하여 붙여진 이름이다.

적당히 모자란 가운데 부족한 부분을 채우기 위해 노력하라는 교훈을
주고 있는 하동고택.

류성룡 선생은 관직에서 물러난 뒤 이곳에서 임진왜란의 원인과
전쟁의 상황 등을 기록한 회고록 [징비록(懲毖錄)]을 저술하였다. 징
비(懲毖)란 '애써 삼간다는 뜻이니 미리 징계하여 후환을 경계한다'
는 의미이다.

풍산 류씨 집안의 후학들을 길러냈던 교육기관이며, 류성룡 선생
의 위패가 모셔진 병산서원은 하회마을의 뒷산인 화산(花山) 너머에
위치해 있다. 1868년 흥선대원군의 서원철폐령에도 헐리지 않고 살
아남은 47개의 서원 중 하나다.

류성룡 선생이 말년에 고향으로 돌아와 징비록을 썼던 부용대 아래의
옥연정사.

서원 앞에는 노송과 백사장이 펼쳐져 있으며 낙동강을 사이에 두
고 병풍(屛風)을 펼쳐 놓은 듯한 아름다운 풍광의 병산(屛山)이 있다.

하회마을은 풍산 류씨 후손들이 대대로 번영을 누리며 선조들의
소중한 문화유산을 600여 년의 긴 세월 동안 고스란히 보존해 오
고 있다. 이는 후손들의 정성과 노력도 컸겠지만 그보다는 화산에
의지해 산태극수태극(山太極水太極)의 명당 터에 자리 잡은 풍수지리
의 영향이 더 크지 않았을까 생각해 본다.

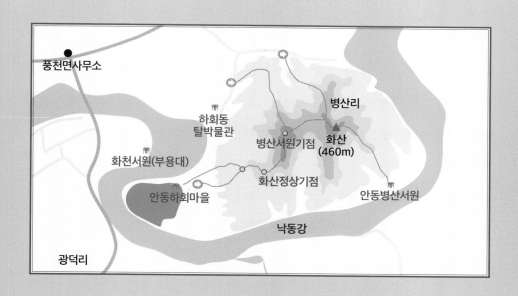

풍천면사무소

하회동
탈박물관

병산리

병산서원기점

화산
(460m)

화천서원(부용대)

화산정상기점

안동병산서원

안동하회마을

낙동강

광덕리

9. 음기가 강한 마을에 세워지는 남근석(男根石)

- 정읍 원백암 남근석

    풍수지리에도 유물 신앙이 있다. 어떤 물체의 형상이 우리 인간에게 길흉(吉凶)의 영향을 끼친다는 것이다.

    개의 얼굴과 닮은 사람은 개와 닮은 작용이 있고, 원숭이를 닮은 사람은 원숭이와 같이 교활하고, 남자 성기를 닮은 돌은 남자 성기와 같은 신비력을 발휘하며, 여자 성기와 닮은 바위틈은 출산의 위력을 가지고 있다고 여긴다.

    그래서 어떤 물건 A와 유사한 물건 B는 그 형상이 유사함으로 해서 A와 동등한 힘을 발휘할 수 있다고 하는 믿음이다.

    '장군석' 또는 '망주석'이라고도 불리는 남근석에는 아이를 갖지

남해의 다랭이마을에도 남근석이 있다. 뒷산의 모습이 여자가 다리를
벌리고 있는 형세라 한다.

못하는 여성이 자정이 지난 한밤중에 4번 절하고 정성스럽게 안아
주면 아이를 가질 수 있다는 등의 전설이 전해지기도 한다. 그러나
이런 종류의 구전 설화는 남아선호(男兒選好) 사상에 근거한 기자(祈
子) 신앙에서 비롯된 것이다.

 풍수에서 남근석이 세워지는 경우는 마을 뒷산의 형세가 여자의
음부를 닮은 여근곡(女根谷)이라든지, 여자가 다리를 벌리고 있는 지
세라든지, 마을 주위의 산에 여성의 성기를 닮은 바위 등이 있어 음

기(陰氣)가 충만할 때 이 음기를 충화(沖和) 하기 위해서이다. 이런 형세의 마을에서는 '부녀자들이 음탕해진다'하여 음풍을 진압하기 위해 마을 앞에 남근석을 세웠던 것이다.

이러한 예는 여러 곳에서 볼 수 있는데 마을 앞에 세워진 남근석을 보면서 우리는 선조들의 성풍속의 이중성을 발견한다.

남녀칠세부동석(男女七歲不同席)처럼 남녀가 유별하고 성 관념이 매우 엄격했던 시대에, 많은 사람들이 오가는 길목에 남근을 세워 놓고 거리낌 없이 지나다닌 것을 보면 우리 선조들의 성 관념은 성의 과감한 노출까지도 자연스러운 공동체의 산물로 간주했던 것 같다.

조선시대에는 유교적인 덕목에 의하여 남아선호 사상이 팽배했고 칠거지악(七去之惡)이 받아들여지던 사회였으니, 소박(疏薄)을 면하기 위해 여자들은 기필코 사내아이를 낳아야만 했다. 이런 여인네들의 절박함이 음풍을 진압하고자 세웠던 남근석을 남근 신앙화하는 참으로 인간적인 측면으로 변화한다. 아들을 못 낳는 것이 여자의 책임은 아니지만, 전적으로 그 책임이 여성들에게 지워지던 시대였으니 남아선호 풍습이 자연스럽게 남근숭배로 이어지는 것은 어쩌면 당연한 일 아니겠는가?

그리고 그것을 보면서 음흉한 생각을 품기보다는 오히려 공개된 성 상징물로 이해하고 묵인하는 건강한 성문화가 있었던 것 같다.

삼국유사에 등장하는 경주시 건천읍 신평리 여근곡 전경.

삼국유사에도 신라 선덕여왕 때 백제군사 500명이 경주의 부산 (富山) 아래 여근곡에서 신라 군사에 전멸당하는 내용이 있다. 선덕여왕은 남자 군사가 여근에 들어가면 반드시 죽게 되어있으므로 쉽게 잡을 줄 알았다 한다. 삼국유사에 나오는 경주의 여근곡 아래에도 남근석이 서 있다.

정읍시 칠보면 원백암 마을은 백암산 태조봉 아래 밀양 박씨·김해 김씨 등 90여 호가 모여 사는 배산임수 지형의 아늑한 마을이

정읍시 칠보면 백암리 남근석. 마을 뒷산이 여근을 닮았다 하여 마을
입구에 남근석을 세웠다.

다. 원백암이란 지명은 마을에 흰 바위가 많아 붙여진 이름이며, 12
당산과 같은 우리의 민속과 전통이 잘 보전·전승되어 살아 숨 쉬고
있는 문화마을이다.

원백암 마을에는 24방위에 맞추어 당산이 있었으나 오랜 세월이
흐르는 동안 훼손되고 멸실되어 현재는 12 당산이 보전되어 오고
있다. 그 가운데 마을 어귀의 남근석은 전라북도 민속자료 제13호
로 지정되어 있다.

당산은 예로부터 주민의 안녕과 풍년을 기원하며 재액을 물리치

마을 앞에 서 있는 원백암 할머니 장승. 눈이 툭 튀어나오고 얼굴이 길쭉한 모습을 하고 있다.

고 병마를 막아준다고 믿는 큰 바위나 오래된 나무 등으로 마을에서 가장 신성시하는 곳이다. 주민들이 매년 정성 들여 당산제를 모신다.

백암리 남근석(둘레 약 60cm, 높이 135cm)은 300여 년 전 효행으로 벼슬을 받았던 박잉걸에 의해 세워졌다고 하며, 예전엔 남근석 앞에 여성의 성기 모양을 새긴 여근암이 함께 있었다 하나 지금은 사라지고 없다.

안내판에는 마을의 번영과 도둑을 방지하기 위해 남근석을 세웠다 하나 이는 세월이 지나면서 와전된 것으로 보인다.

실제로 마을 뒷산을 10여분 오르면 남근석에서 마주 보이는 산자락에 촉촉하게 물이 흘러내리는 바위벽이 있다. 여성의 성기와 닮았다 하여 농바우, 두덩바위 등으로 부른다. 마을 쪽에서 농바우가 바라보이면 동네 처녀들이 바람난다 하여 음풍을 잠재우기 위한 방편으로 마을 입구에 남근석을 세운 것이다.

원백암 마을은 전국 유일의 12 당산 마을로서 1)날 당산, 2)할머니 장승, 3)할아버지 장승, 4)칠석 돌 당산, 5)행운 돌 당산, 6)할아버지 당산 목, 7)할머니 당산 목, 8)거북 돌 당산, 9)누운 돌 당산, 10)비살골 돌 당산, 11)새터 돌 당산, 12)주엽나무 당산이 마을 12방향으로 배치되어 있다.

백암리 주민들은 매년 정월 초사흗날 밤에 정성 들여 준비한 음식으로 당산제를 지내며, 경비는 설날 고향을 찾아온 출향 인사들의 기부금과 *매귀(埋鬼 : 농악놀이)를 돌고 얻은 성금으로 충당한다.

---

*매귀: 호남지방에서 지신밟기를 이르는 말로 귀신을 땅에 묻는다는 뜻이다. 음력 정월 초승에 풍물패가 풍물을 치면서 마을을 돈 다음 집집마다 들어가 악귀를 쫓고 복을 빈다.

10. 해미읍성의 사방에 세워진 돌미륵

- 지세의 허결을 보완

해미읍성의 정문인 진남문.

육쪽마늘로 유명한 충청남도 서산에 가면 일제강점기에 대부분 헐리고 현재는 몇 개 남지 않은 조선시대의 읍성 해미읍성(사적 제116호)이 있다. 조선 초에 낮은 산과 평지를 이용해 돌로 쌓은 평산성으로, 5m 높이의 성벽이 2m 남짓한 두께로 둘레 1,800m에 이른다. 읍성이란 외부의 적에 대항하기 위해 산성과 달리 사람들이 사는 마을을 둘러쌓은 성곽이다.

다른 읍성과 마찬가지로 해미읍성도 일제에 의해 성내 시설이 대부분 해체되어 목재와 석재는 도로 건설과 건축자재로 쓰이고 땅은 일반에 팔렸다. 그래서 1970년대 초까지만 해도 성 안에 해미초등학교와 우체국, 민가 160여 채가 들어서 있었다. 지금은 성곽 보존을 위해 모두 이전되고 과거의 역사를 재현하는 의미 있는 공간으로 재탄생되었다.

해미읍성은 왜구를 효과적으로 방어하기 위해 조선 태종 17년(1417)부터 세종 3년(1421)까지 4년여에 걸쳐 축성한, 충청도 일원의 군을 지휘하던 병마절도사영성(兵馬節都使營城)이다. 병영이 효종 3년(1652) 청주로 이전하기까지 230여 년간 병마절도사영의 기능을 하였으며 그 후 해미 현감이 이 성으로 옮겨와 해미읍성이 되었다.

적이 쉽게 접근하지 못하도록 성 둘레에 탱자나무를 심어 '탱자나무 성(枳城)'이라 부르기도 했다. 성 밖에는 해자가 둘러져 있었다

산수리 돌미륵. 원래의 돌미륵을 잃어버리고 40여 년 전 새로이 세운
것이다.

고 하며 동·서·남방에 성문을 두고 북방에는 암문(暗門)이 있다. 조
선시대 읍성 가운데 고창읍성·낙안읍성과 함께 가장 잘 보존되어
있는 성곽 중 하나이다.

　서해안 방어의 요충지 역할을 했던 이곳에 임진왜란의 영웅 이순
신 장군이 병사영의 군관으로 10개월간 근무한 적이 있으며, 조선
말기 천주교도 박해의 역사를 고스란히 담고 있는 곳이기도 하다.

　1866년 병인양요 이후 천주교 박해 때 충청도 각 고을에서 붙잡

혀 온 천주교 신자 1천여 명이 읍성의 옥사에 투옥되고 고문과 처형이 이루어졌다. 조선시대 순교자 1만여 명 가운데 이곳 내포지역의 천주교도들이 순교한 곳이다. 이곳에 투옥된 사람들은 목을 베거나 매달아 죽이기도 하고 서문 밖 돌다리에서는 자리개질로 처형했다. 나중에 숫자가 많아지자 해미천에 큰 구덩이를 파고 잔인하게 생매장하기도 했다.

지금도 성내 광장에는 옥사에 수감된 천주교 신자들을 끌어내어 나무에 철사줄로 묶고 고문했던 노거수 회화나무가 서 있다. 수령 600년이 넘은 고목으로 그때 박혔던 철사줄의 흔적이 현재까지도 희미하게 남아 있다고 한다.

해미읍성은 천주교인들에게는 순교의 성지이다. 2014년에는 우리나라를 방문한 프란치스코 교황이 이곳을 방문하기도 했다.

해미읍성의 동서남북 사방에는 풍수적으로 지세(地勢)의 결함을 보완하기 위해 세운 것으로 보이는 돌미륵이 있다. 해미읍 산수리(동방)와 반양리(서방)·조산리(남방)·황락리(북방)에 있는 미륵불이다.

미륵불은 석가모니 부처님이 열반에 든 뒤 56억 7,000만 년이 지나면 사바세계에 출현하여 중생을 제도한다는 희망의 부처님이다. 그때의 세상은 모든 모순이 사라지고 이상적인 유토피아가 건설되며 인간의 수명은 8만 4,000세가 될 것이라 한다.

우리 선조들은 온갖 질병과 재해로 어려움을 겪으면서도 미래불

황락리 돌미륵. 259cm의 훤칠한 키로 마을회관 뒤 논가에 서있다.

의 도래를 바라는 마음으로 미륵신앙을 믿었다. 지금도 지명이나 산
이름, 절 이름 등에 미륵·용화·도솔 등이 자주 쓰이는 것은 민간에
널리 퍼졌던 미륵신앙의 영향이다.

해미읍성의 사방에 조성된 미륵불에서 자기들이 살아가고 있는
터의 결함을, 이상 사회의 실현을 약속한 미륵불이 지켜줄 것으로
굳게 믿었던 선조들의 소박하고 막연한 기대를 엿볼 수 있다.

해미읍성은 지세로 볼 때 북방의 가야산 자락에서 뻗어 내려온

맥이 뒤를 받쳐주고 있으나 동·서·남방이 훤히 트인 평지이다. 특히 읍성의 남문인 진남문 앞쪽은 허허벌판으로 물은 곧게 빠져나가고 앞에서 불어오는 바람에도 속수무책이다. 해미 사람들은 이곳에 상징적으로 조그마한 산을 조성하고 앞쪽의 살기를 막아냈으며 돌미륵을 세우고 심리적인 위안과 함께 정서적인 안정을 찾았던 것이다.

읍성 앞쪽 동네의 이름이 조산리(造山里)인데 조산리에는 산이 전혀 없다. 그런데 왜 '인위적으로 만든 산'이라는 의미의 조산(造山)이라는 이름을 얻었을까? 정확한 기록을 찾을 수는 없지만 추정컨대, 풍수적으로 허한 남쪽을 비보하기 위해 상징적으로 산을 조성했고 그 이름이 지금까지 전해 내려오는 것으로 볼 수 있다.

사방의 돌미륵이 언제, 어떤 연유로, 누구에 의해 세워졌는지 전하는 기록이 없어 정확히 알 수는 없다. 그러나 해미읍의 산수 형세로 보아 허(虛)한 사방을 보(補)하고, 허결한 방위에서 들어오는 병마와 악귀로부터 살고 있는 터전을 보호하고자 하는 일념으로 미륵신앙에 기대어 돌미륵을 모셨을 것이다. 돌미륵을 모신 주체와 시기가 달라서인지 돌미륵마다 개성 있는 생김생김이 재미있다.

해미의 돌미륵은 오랜 세월 우리 선조들의 삶을 풍요롭게 해 주었던 민속 문화유산이다. 아직도 우리 주변에는 우리가 미처 깨닫지 못하는 중에도 우리의 삶터를 안온하게 감싸주는, 선조들의 빛

조산리 돌미륵. 벙거지 같은 모자를 쓰고 둥근 눈에 주먹코, 긴 귀의 모습이 순박해 보인다. 유일하게 매년 정월 대보름에 주민들이 모여 제를 올린다.

나는 지혜를 엿볼 수 있는 비보풍수의 유물들이 많이 있다. 이런 소중한 유산들이 합리화란 기준으로만 재단하려는 세태에 점점 관심 밖으로 밀려나고 있다.

지역에 따라서는 그 터에 사는 사람들의 절대적인 신뢰 속에 엄숙한 제의가 행해지고 신성시되기도 하는데, 해미읍의 돌미륵은 관리가 자못 부실하다. 산수리(동방) 돌미륵은 40여 년 전 도난당해 새로 세웠다고 하며, 반양리(서방)의 돌미륵은 조그만 암자 안으로 모시고 들어가 버려 사유화된 느낌이다. 선조들의 지혜가 깃들인 고유

반양리 돌미륵. 근래에 새로 생긴 미륵사의 전각 안으로 모시고 들어가
버려 사유화되어 가고 있는 느낌이다.

한 문화유산을 새롭게 인식하고 발굴·보존해 나가려는 노력이 절실
한 때이다.

서산 육쪽마늘은 오래전부터 그 명성이 자자하다. 매년 7월 초가
되면 해미읍성 안에 서산 육쪽마늘 축제가 열린다. 가까운 곳에 천
주교 해미 순교성지가 있고 미소가 아름다운 서산 마애삼존불(국보
제84호)도 있다. 시원한 맛의 박속 낙지탕은 이 고장에서만 맛볼 수
있는 전통향토음식이다.

11. 한양 성곽의 사대문과 사소문, 지네형 산세의 창의문 밖 통닭집

고려를 무너뜨리고 조선 왕조를 세운 태조 이성계는 한양으로의 천도를 결정하고 백악산(북악산: 342m), 낙타산(낙산: 125m), 목멱산(남산: 265m), 인왕산(338m)을 잇는 총길이 18.2km의 서울 성곽을 수축한다.

태조 5년(1396) 농한기인 1·2월과 가을 농한기인 9월에 전국에서 동원된 약 20만 명이 투입된 방대한 토목공사였다. 당시 한양의 인구가 약 10만 명 정도인 것을 감안하면 실로 엄청난 규모의 공사인 것이다.

창이나 칼·활 등의 재래식 무기로 말을 타고 싸우던 옛날의 전쟁에서 외적의 침입을 효과적으로 차단하는 가장 좋은 방법은 성곽

숙정문을 지나 북악산 정산으로 오르는 청와대 뒤편의 산등성이 성곽 길.

의 수축이었다. 백성의 출입을 위하여 동서남북에 사대문(四大門)과 사소문(四小門)을 내고 나머지는 외침을 막기 위해 도성 사방을 성곽으로 둘러친 것이다.

그 후 세종 4년(1422)에는 전국에서 약 32만 명의 대규모 인원이 동원되어 토성(土城)으로 되어있던 서울 성곽을 석성(石城)으로 개축하게 된다. 이 어마어마한 공사는 전체 59,500자(약 18.2km)를 600자(약 180m) 단위로 나누어 총 97구간으로 구획하고 도(道) 또는 현(縣)

으로 도급을 주어 완성했다.

성벽의 돌 중에는 더러 글자가 새겨져 있는 돌이 있는데 공사 구역 표시, 담당 군현, 그리고 공사 일자와 공사 책임자의 이름·직책 등이 새겨져 있다.

강자육백척(崗字六百尺: 강자 구역 600자), 의령시면(宜寧始面: 경상남도 의령 시작 지점), 감관 이동한(監官 李東翰: 감독자 이동한) 등이다.

이렇게 해서 완성된 한양 도성의 주산이 북악산이며 북악산 아래 왕궁인 경복궁을 지은 것이다. 풍수지리적으로는 북악산이 주산(主山), 낙산이 청룡(靑龍), 인왕산이 백호(白虎), 남산이 안산(案山)이다.

명당을 가로질러 서에서 동으로 청계천이 흐르고 외당수(外堂水)인 한강이 역수(逆水)로 받아주니 천하의 명당이 형성된 것이다.

그러나 아무리 좋은 터라도 풍수적으로 완벽할 수는 없다(好地無全美). 그렇다 보니 조선 왕조에서는 끊임없이 경복궁 명당 논쟁이 제기되었으며 지금까지도 청와대 터를 두고는 풍수학인들 간에 논쟁이 계속되고 있다.

조선 왕실에서는 경복궁 터를 포함한 한양의 풍수지리적인 결함을 보완하기 위한 다양한 비보책을 강구한다. 궁궐에 이르는 주산의 맥을 보전하기 위해 지형이 파괴되기 쉬운 고갯길의 통행을 금지시키고 산림을 훼손할 염려가 있는 곳에서는 경작을 금하고 소나무

서울의 사소문 중 유일하게 옛 모습을 간직하고 있는 서대문과 북대문 사이의 창의문. 가뭄이 들면 북쪽의 창의문은 열고 남쪽의 숭례문은 닫았다.

를 심었다.

세종은 궁성 북쪽 주산의 내맥(來脈)에 담을 쌓아 통행을 차단하고 보토(補土)를 하기도 했으며 남대문의 지대를 높여서 인왕산과 남산의 지맥을 연결, 경복궁의 국세를 아늑하게 형성하고자 했다.

영·정조 때에도 도성 주맥 북악에서의 채석(採石)을 금지시키고 보현봉에 보토했으며, 응봉 아래 후원의 주맥을 보축했다는 기록이 있다.

태종 13년에는 풍수학인 최양선이 "지리로 고찰한다면 국도(國都) 장의동 문(지금의 창의문)과 관광방 동쪽 고갯길(지금의 숙정문 자리)은 경복궁의 좌우 팔입니다. 빌건대 길을 열지 말아서 지맥을 온전하게 하소서"하고 상소를 올린다. 태종은 이에 따라 경복궁의 지맥을 보존하고자 경복궁 좌우의 창의문과 숙정문을 닫아 통행을 금지시켰으며, 세종 조에도 창의문의 통행을 금하고 그 주위에 소나무를 심었다는 기록이 있다.

서울 성곽에는 동서남북에 사대문, 그 사이사이에 사소문을 두었는데 창의문(彰義門)은 서대문과 북대문 사이의 북소문이다. '올바른 것을 드러나게 하다'는 뜻이 있다. 창의문은 서울의 사소문 중 유일하게 옛 모습을 간직하고 있는 곳으로 실록에 보면, 평소에는 통행을 금하다가 가뭄이 심하면 숭례문을 막고 창의문을 열었다고 한다.

음양오행 상 북쪽은 음(陰)과 수(水)에 해당하며 남쪽은 양(陽)과 화(火)에 해당된다. 가뭄으로 기우제(祈雨祭)를 지낼 때는 수의 기운이 강한 북쪽의 창의문은 열고 남쪽의 숭례문은 닫았으며, 장마가 져서 기청제(祈晴祭)를 지낼 때는 화의 기운이 강한 남쪽의 숭례문은 열고 북쪽의 창의문은 닫았던 것이다.

창의문은 이곳 계곡의 이름을 빌어 달리 자하문(紫霞門)이라고도 하는데 자하문 밖은 경관이 아름다워 당대의 세도가들이 많이 살았다고 한다.

창의문 밖 지형이 지네형이라 창의문 월단 위에 지네의 천적(天敵)인 닭을
그려 넣었다.

경치 좋기로 이름난 자하문 밖은 백석동천(白石洞天 : 백악의 아름다운
산천으로 둘러싸인 경치 좋은 곳)으로 지세가 지네의 모양을 닮았다. 그래서
창의문을 지을 때 지세의 해(害)를 예방하기 위해 성문의 무지개 모
양 월단(月團) 맨 위에 봉황 한 쌍을 그려 넣었다.

속설에 의하면 이는 닭 모양을 그린 것으로, 창의문 밖 지형이
지네처럼 생겼으므로 지네의 천적(天敵)인 닭을 그려 넣은 것이라고
한다.

그런데 이게 어찌 된 조화인가?

요즘 창의문 밖 부암동은 조그맣고 아름다운 카페가 줄줄이 들어서고 치킨집들이 대박을 내고 있다. 경관이 수려한 곳이니 카페가 많이 들어서는 것이야 이해할 수 있는 일이지만, 도심에서 벗어난 외진 산꼭대기 동네에 통닭집이 성업 중이라니…

필자도 얼마 전 TV에서 부암동 통닭집이 유명하다는 얘기를 듣고 의아한 생각에 창의문을 다시 찾아가 보았다.

창의문 밖 30~40m 거리에 통닭집이 몇 군데 있는데 그중에 가장 유명하다는 집을 들렀더니 평일 오후인데도 20석 남짓한 좌석에 손님이 꽉 차 있다. 일부러 치킨을 먹기 위해 찾아온 손님들이라고 한다.

가게 앞에는 대기자 명단이라는 게시판이 있어 이름을 적고 기다리면 사장님이 차례대로 입장시킨다. 소문처럼 대박을 내고 있는 것이었다.

지네형 산세에 지네의 상극인 통닭집의 대박! 과연 어떻게 해석해야 될까?

그 밖에도 한양의 비보 사례는 매우 다양한데, 청룡인 낙산의 산세가 미약하다 하여 낙산 끝자락에 위치한 동대문은 산을 길게 늘여주는 의미를 담은 갈지(之) 자를 넣어 흥인지문(興仁之門)이라 했다.

관악산의 화기를 잠재우기 위한 풍수적 비보로 다른 문과 달리 숭례문의
현판은 종서로 쓰여 있다.

지(之) 자는 풍수지리에서 용맥이 살아 힘차게 내려오는 형상을
표현하는 글자이며 산의 모양과 닮았다고 볼 수 있다.

동대문 근처에는 열린 수구를 비보하기 위해 만든 가산(假山)을
비롯한 동묘(東廟) 등의 수구막이 비보도 있다.

또 남쪽에 있는 숭례문의 현판은 다른 성문과 달리 문액(門額)이
세로로 세워져 있고 종서(縱書)로 쓰여 있다. 이 또한 관악산의 화기를
잠재우기 위한 비보인데, 숭례문의 예(禮)는 오행으로 화(火)이고 인의
예지신(仁義禮智信) 오방(五方) 중 예는 남방이며 남쪽은 화를 나타낸다.

숭례(崇禮)의 두자가 화의 염상(炎上)으로 활활 타오르는 불꽃을 상 징하며, 궁궐에 직면해 있는 남쪽 관악산의 화기에 대항하게 하는 풍수적 염승(厭勝)에서 나온 것이다.

서울 성곽은 1899년 서대문과 청량리 사이 전차를 부설하면서 동대문과 서대문 부근의 성곽 일부가 헐려 나갔고, 이듬해에는 용산과 종로 사이 전차 부설을 위해 남대문 부근을 철거하게 되었다. 일제강점기에 서대문과 혜화문(동소문)이 헐리며 사실상 서울의 평지 성곽은 모두 철거되고 지금은 총길이 18.2km 중 산지 성곽 10.5km 만 남아있다.

서울 성곽길 중 청와대 뒤편의 북악산을 끼고 있는 숙정문과 창의문 사이의 성곽 길은 경관이 가장 뛰어나다. 북악산 정상에서 내려다보는 서울 시내 조망이 장관일 뿐 아니라 북한산에서부터 형제봉·구준봉을 거쳐 북악으로 이어지는 지맥을 한눈에 볼 수 있다.

보안상 출입이 통제되어오다 노무현 정부에서 민간에 개방하게 되었다. 청와대와 가까워 많은 것이 자유롭지 못하고 사복 차림 군인들의 감시가 따르지만 하얀 띠를 두른 듯 산등성을 타고 이어지는 서울 성곽의 모습은 장쾌하기 그지없다.

삼청공원에서 출발하여 숙정문, 북악산 정상을 거쳐 창의문으로 내려오는 코스이다. 북악산 구간을 통과하기 위해서는 반드시 신분증을 지참해야 한다.

서울의 사대문과 사소문

서울성곽길

숙정문 (북대문)

창의문 (북소문)

북악산 ▲

혜화문 (동소문)

● 청와대

인왕산 ▲

낙산 ▲

● 서촌

경복궁
● 창덕궁 ● 창경궁
● 광화문

흥인지문 (동대문)

경희궁

종묘

동대문 역사문화공원

돈의문 (서대문·멸실) ○

덕수궁

탑골공원

청계천

광희문 (남소문·폐쇄)

소의문 (서소문·멸실) ○

서울시청

숭례문 (남대문)

남산 ▲

12. 땅 이름에서도 위안을 받았던 선조들의 지혜

- 여주시 강천면 가마섬

비슷한 처지에 있는 두 사람 중 한 명에 대해서는 '예쁘다', '훌륭하다', '잘했다'라고 늘 칭찬하고 격려하며, 다른 한 사람에 대해서는 '못난이', '형편없는 녀석', '그것도 못해!'라고 늘 구박만 한다면 두 사람의 인생은 어떻게 달라질까?

결론은 자명하다. 전자의 모습은 갈수록 아름다워지고 인생을 행복하게 살아가는 반면 후자는 혹 범죄자가 된다거나 아니면 극도의 불안 속에서 불행한 삶을 살다 죽게 될 것이다.

사람은 누구나 이름을 가지고 있다. 보통의 경우 이름의 영향을 크게 받지 않고 사는 것으로 알려져 있다. 그러나 이름은 일종의 주문(呪文)이며 영혼의 의복과도 같은 것이다. 의복이 낡았거나 냄새나는 것이라면 세탁하거나 갈아입어야 한다. 이름에 좋지 않은 기운이 있다면 의복을 갈아입듯 이름을 바꾸기도 한다. 이왕이면 부르기 좋은 이름, 듣기 좋은 이름, 좋은 기운을 가지고 행운을 불러들이는 이름으로 부르는 것이 좋다.

사람에게 이름이 갖는 좋은 기운이 영향을 미친다면 식물이나 무생물인 땅에게도 좋은 운기가 서린 이름으로 불러야 마땅할 것이다. 이것이 바로 지명(地名)을 이용한 비보풍수(裨補風水)이다.

식물이나 무생물인 땅의 이름에 무슨 좋은 기운이 있겠느냐고 반문할지 모르겠으나 식물의 영적인 능력을 과학적으로 검증한 연구 결과가 발표되기도 하였다. 나무도 보고 듣고 말하고 사고하며, 인간의 마음속에 묻어둔 생각까지 알아내는 능력을 지니고 있다는 것을 밝혀낸 것이다. 이러한 연구는 인간의 수목 숭배 정령신앙이 헛된 속신이 아니며 나무도 인간과 교감할 수 있다는 것을 증명하는 근거가 된다.

식물의 영성(靈性)에 관한 연구는 1960년대 미국의 거짓말 탐지기 전문가인 클레브 백스터(Cleve Backster)로 부터 시작되었다. 인간의 반응을 검류계상에 가장 효과적으로 나타나게 하는 방법이 위협이라는 것을 알고 있었던 그는, 그것을 그대로 식물에 적용해 보기로 하였다.

먼저 그는 나뭇잎을 뜨거운 커피 잔에 담가 보았다. 그러나 검류계에서는 별다른 반응을 보이지 않았다. 그런데 나뭇잎을 불에 태워야겠다고 마음을 먹는 순간 검류계의 바늘이 급작스럽게 올라갔다. 잠시 후 거짓으로 잎사귀를 태우려는 시늉을 해 보이자 다시 아무런 반응이 없었다. 나뭇잎이 인간의 의도가 진실인지 거짓인지 구별한 것이다. 이와 함께 그는 식물이 자신에게 해를 끼치는 인간을 알아보고, 인간의 출생 연도를 알아내고, 범인을 가려내는 능력을 지녔다는 사실을 여러 가지 실험을 통해 검증하였다.

그리고 자신과 특별한 유대관계를 맺고 있는 사람은, 그 사람이 아무리 많은 인파속에 있고 아무리 멀리 떨어져 있어도, 그러한 관계가 지속될 수 있다는 사실을 밝혀냈다.

무생물인 땅에게도 지령(地靈)이 있다. 그래서 어떤 곳은 사람이 살기에 좋은 터가 되기도 하고, 어떤 곳은 좋지 못한 터가 되기도 한다. 어떤 마을에서는 박사가 많이 배출되고, 어떤 집터에서는 삼정승이 나기도 한다.

마을 뒤 지맥을 훼손하고 나니 이유 없이 동네 남정네들이 죽어나가는 경우도 볼 수 있다. [지리신법]에서 호순신은 "사람은 땅의 기운에 따라 청탁(淸濁), 현우(賢愚), 요수(夭壽), 선악(善惡), 귀천(貴賤), 빈

안흥항. 해수가 험하여 자주 배가 조난되기 때문에 본래 난행량
(難行梁)으로 불리었는데 그 이름을 좋은 의미를 지닌 안흥량(安興梁)으로
고쳤다.

부(貧富)에 차이가 있다"고 말한다.

　　풍수지리학자 최창조는 그의 저서 [좋은 땅이란 어디를 말함인
가]에서
　　1) 세계 모든 민족의 고유문화에는 어떤 장소에 '성스러운 힘'이
있다고 하는 믿음이 공통적으로 존재한다.
　　2) 대부분의 국가에서 그러한 지령이 존재하는 장소는 교회나
사원 같은 특수한 신앙상 목적의 인공 구조물이 배치되어 법적인
보호를 받고 있다.

3) 전통적으로 지령이 있는 성소에는 특별한 기운이 존재한다는 공감대가 형성되어 있다. 또한 그것이 인간과 동식물에 영향을 미칠 수 있는 '미묘한 환경적 장'이 존재한다는 현대 과학자들의 연구 결과도 있다.

4) 고대의 풍수적 관행이 현대의 주택과 일터 배치에 긍정적으로 결과할 수 있다는 많은 연구 사례가 있다. 그러나 현대 과학은 그 결과가 왜 일어나는지에 대해서는 설명을 못하고 있다.

5) '어떤 장소는 인간에게 깊은 영감을 제공해 준다'라고 얘기하며 지령 개념은 과학 전 단계에 있어서는 세계적인 현상이었으며, 이것은 오늘날에 있어서도 변함없는 중요성을 가질 수 있다고 말한다.

이렇게 식물이나 무생물인 땅에도 영성이 있다고 믿는다면 땅에 대한 이름도 아무렇게나 불러서는 안 될 것이다. 더구나 좋지 못한 의미가 담긴 이름을, 좋은 기운이 느껴지는 이름이나 상징적 의미를 부여한 이름으로 고쳐 부름으로 해서, 심리적 안정을 얻을 수 있다면 바람직한 비보(裨補) 아니겠는가?

북한 김일성은 그의 아버지 김형직의 고향인 함경북도 후창군의 이름을 김형직군(郡)으로, 어머니 김정숙의 고향인 함경남도 신파군의 이름을 김정숙군으로 고쳐 부르기도 했다.

충청남도 태안에는 안흥량(安興梁)이라는 나루터가 있다. 이곳은

신륵사 다층전탑. 여강의 물길이 용마가 되어 분노를 터뜨릴 때 불심이
깃든 탑을 세워 용마에 굴레를 씌우면(神勒) 홍수를 막을 수 있다고
생각한 비보사탑이다.

해수(海水)가 험악하여 자주 배가 조난되기 때문에 본래 난행량(難行梁)으로 불리었는데 그 이름을 좋은 의미를 지닌 안흥량(安興梁)으로 고쳤다. 또 서쪽 지령산에 '파도를 잠재우는 절'이라는 의미의 안파사(安波寺)라는 절을 세웠다. 안파사도 수로가 험악하여 배가 자주 난파되기 때문에 그 해를 면하기 위하여 이 절을 세운 것이다(新增東國輿地勝覽 卷十九).

또 여주 신륵사에 가면 대웅전에서 한참 떨어진 강가에 서 있는 탑을 볼 수 있다. 탑은 통상 대웅전 앞에 있어야 하는 것인데 왜 강가에 있는 것인가?

신륵사의 위치는 산속도 평지도 아닌 강가에 자리 잡고 있어 홍수에 취약하다. 신륵(神勒)이라는 이름은 '신의 굴레'라는 뜻이다.

신륵사가 마주하고 있는 강은 남한강의 지류인 여강으로 홍수가 나면 여주 읍내가 범람하여 큰 피해를 입게 된다. 여강의 물길이 용마(龍馬)가 되어 수신(水神)의 분노를 터뜨릴 때 부처의 사리가 들어있는 탑을 세워 용마에 굴레를 씌우려 한 것이다. 탑을 세워 홍수를 막을 수 있다고 생각한 비보 사탑이며, 명칭으로 신의 굴레를 씌워 다시 한번 비보한 사례이다.

그 밖에도 경북 선산읍에서는 진산인 뒷산의 이름이 비봉산(飛鳳山)이라, 봉황이 떠나가지 못하도록 앞산을 황산(凰山: 암컷 봉황산)이라 명명하여 짝을 지어 주었다. 옆 동네 이름도 봉황은 죽실(竹實)을 먹는다는 전설에 따라 대나무를 상징하는 죽장동(竹杖洞), 봉황을 기쁘게 맞이한다는 의미의 영봉동(迎鳳洞)으로 이름하였다.

또 개가 달려 나가는 형국의 주구산(走狗山) 지세를 붙들어 놓기 위해, 마을 뒤에 있는 바위와 마을 이름을 개가 가장 무서워하는 범으로(청도군 화양면 소라리: 범바우 산, 범바우 마을) 칭하기도 했다.

그런가 하면 청주한씨 문중에서는 조상을 모신 자리가 워낙 명

한백겸 묘소(여주시 강천면 부평리 가마섬). 훗날 왕가에 빼앗길 것을
두려워하여 왕릉은 섬에 쓰지 않는다는 속설을 믿고, 지명에 의도적으로
섬(島)이라는 글자를 넣었다.

당이라 훗날 왕가에 빼앗길 것을 두려워한 나머지, 왕릉은 섬에 쓰
지 않는다는 속설을 믿고 지명에 섬(島)이라는 글자를 의도적으로
넣기도(여주시 강천면 부평리 가마섬) 했다.

근래의 예(例)로는 휴전선 근처 '자유의 마을 대성동'을 들 수 있
는데, 이 마을의 행정 동명은 6.25 전까지 경기도 장단군 군내면 조
산리였다. 휴전 후 파주군에 편입되면서 파주군 임진면으로 불리다

6.25 전까지 경기도 장단군 군내면 조산리이었으나 휴전 후 파주군
임진면으로 불리다가 파주군 군내면 조산리로 옛 지명을 다시 찾았다.

가 1973년 1월 파주군 군내면 조산리로 옛 지명을 다시 찾았다.

지금은 북한 땅이 되어버린 '장단군'의 지명은 언제 다시 찾을 수
있을지 모르지만 '군내면 조산리'라는 지명은 끝내 버릴 수 없었던
모양이다.

수구초심(首丘初心)이라고 했던가? 고향을 그리는 마음처럼 잃어버
린 이름을 찾고자 하는 마음 또한 간절했던 것 같다.

이렇게 우리 선조들은 생활 속에서 땅의 이름까지도 상징적 의미
를 부여하며 심리적 안정을 추구하는 지혜를 발휘했다.

제3장

풍수 침략

일제 침략 36년은 우리의 많은 문화유산이
훼손·멸실·왜곡되는 문화침략이 이루어진 시기이다.
그중에 풍수적으로도 일제는 백두대간의 정기가 흐르는
전국 도처의 명산에 쇠말뚝을 박고 지맥을 끊어 국운을
단절하려 했다. 우리 민족의 정신적·사상적 사고에
상처를 내어 민족정기를 말살하려 했던 것이다.

1. 대통령 김대중의 고향 섬, 하의도

하의도는 연화부수형 지형인데 연꽃으로 만든 옷 모양이라 하의도라 했다.

노벨평화상을 수상한 김대중 전 대통령의 고향은 서해안 끝자락 전남 신안군의 하의도(荷衣島)이다. 하의도는 유인도 9개, 무인도 47개로 구성된 하의면의 본섬이다. 면적 14.46㎢, 해안선 길이 32㎞의 고즈넉한 도서이다. 하의도 안내 책자에는 하의도가 연화부수형(蓮花浮水形: 연꽃이 물 가운데 떠있는 형국)의 지형인데 연꽃으로 만든 옷 모양이라 하의도라 했다고 설명해 놓았다.

하의도는 우리나라 농민운동사의 기념비적인 땅이기도 하다. 힘없는 농민들이 권력자에게 빼앗긴 농토를 되찾기 위해 330년이란 긴 세월 동안 대를 이어가며 싸웠던 불굴의 정신이 깃들어 있는 섬이다. 이 불굴의 투쟁정신이 아마도 김대중이란 인물을 키워낸 자양분이 되었던 것 같다.

조선 선조 임금의 딸이자 효종·현종·숙종 대 왕실의 어른으로 최고의 대접을 받았던 정명 공주(1603~1685)에게 하의도 농민들의 농토가 하사되었다. 정명 공주는 선조의 정실에서 낳은 첫째 딸이자 인조의 고모다. [경국대전]에 공주의 집은 50칸을 넘지 못하게 정해 놓았지만 정명 공주의 집은 200칸이 넘을 정도로 호사를 누렸다 한다. 그런 정명 공주에게 하의도 농민들의 땅까지 하사된 것이다.

고려 말 왜구들의 침략이 극심해지자 나라에서는 공도(空島) 정책을 실시했고, 섬에 사는 것 자체가 불법으로 죄가 되었다. 그러던 것이 조선조에 들어서는 임진왜란을 전후해 섬의 중요성을 재인식하고 다시 주민의 거주를 허락했다. 섬으로 들어간 사람들은 황무지를 개간하고 갯벌을 간척해 농토를 만들었다. 그런데 1623년, 인조는 주민들이 개간한 땅을 정명 공주에게 하사했다. 단 정명 공주의 4대손까지만 세미(稅米)를 받을 수 있도록 조건을 달았다. 하지만 정명 공주의 후손들은 4대손이 사망한 후에도 계속 세미를 받아 가며 농토를 돌려주지 않았다. 이에 하의도 농민들은 도세 납부 거부와 농민조합 운동 등을 통해 대를 이어 끊임없이 저항하고 투쟁했다. 그러다 해방 후 1956년에야 겨우 농토를 되찾을 수 있었다. 무려 330여 년에 걸친 정명 공주 후손들과의 싸움에서 승리한 것이다. 세계적으로도 유례가 없는 한국 농민항쟁사의 기념비적인 사건이다.

"행동하지 않는 양심은 악의 편이고 방관하는 것도 악의 편이다." 라고 했던 김대중의 투쟁정신은 아마 하의도 농민운동에서 그 뿌리를 찾아야 하지 않을까 생각된다.

요즘 하의도를 찾는 사람들이 김대중 전 대통령 생가와 함께 꼭 찾아가는 곳이 있다. 바로 '큰 바위 얼굴'이다. 어은리 앞 죽도의 형상이 마치 사람 얼굴처럼 보인다 해서 붙여진 이름이 '큰 바위 얼굴'이다. 바위섬의 모양이 옆에서 보면 영락없는 사람의 이마와 코·입

큰 바위 얼굴. 바위섬의 모양이 옆에서 보면 영락없는 사람의 이마와
코·입 모양을 닮았다. 여기에서 사람들은 당연히 김대중 전 대통령의
얼굴을 떠올린다.

모양을 하고 있다. 그 얼굴에서 사람들은 당연히 김대중 전 대통령
의 얼굴을 떠올린다. 원래 죽도의 바위는 사자바위라 불렸는데 어
느 때부터인가 점점 사람의 얼굴이 되었다 한다.

김대중은 1924년 1월 하의도 후광리에서 서자로 태어났다. 후광
리는 하의면 사무소에서 4km 정도 들어간다. 아직도 마을 앞에 염
전을 운영하고 있는 전형적인 섬마을이다. 초등학교를 마친 후 당시

복원된 김대중 전 대통령의 생가 모습.

원래 생가가 있던 자리로 현재 복원된 생가에서 100m 정도 벗어난 곳이다.

로서는 외국 유학만큼이나 어려웠던 목포 유학을 떠나며 후광리를
나온다.

후광리 김대중 전 대통령의 생가는 잘 복원해 놓았는데 찾는 사
람이 거의 없어 쓸쓸하기 그지없다. 이 나라 민주주의 발전에 크게
기여하고 노벨평화상을 수상한 현대사의 거목이지만 아직도 일각
에서는 그를 빨갱이라 낙인찍는다.

"대한민국 국민은 뛰어난 지도자를 지녀서 행복한 국민이다. 대
한민국 국민은 김대중 대통령에게 많은 빚을 지고 있다." 미래학자
앨빈 토플러의 말이다.

생가 터는 얼핏 보기에도 꽤나 안온해 보인다. 주룡이 생가 뒤쪽
까지 내려와 멈추고 한 가닥의 가지가 감아 돌아 청룡을 이루었다.
백호는 짧으나 외백호가 봉우리 봉우리 솟아 마을까지 감싸고, 대여
섯 개의 조그만 목형산들이 마을 앞을 에워싸듯 안산을 이루었다.
외백호와 안산의 모양이 특이한 형세이나 안정된 국세를 이룬 곳에
생가가 들어서 있어서 범상치 않은 터란 생각이 들었다.

생가를 둘러보고 뒤돌아 나오는데 주차장 쪽에 '원 생가터'라는
생뚱맞은 표지판이 보인다. 이게 어찌 된 일인가? 그러면 지금까지
둘러본 생가는 무엇이란 말인가? 생가는 원래 복원된 자리에 있지
않았단 말인가?

'원 생가터'는 현재 복원해 놓은 생가에서 100m 정도 벗어난 곳으로, 복원된 생가에서 보면 청룡 끝자락에 해당되는 자리이다. '원 생가터'로 옮겨 자리를 잡고 사방을 살펴보았다. 불과 100m도 안되는 가까운 장소인데도 국세를 완전히 벗어나 어느 것 하나 의지할 것이 없는 자리이다.

복원해 놓은 생가의 입지가 청백과 조안을 갖춘 안온한 국세라면 '원 생가터'는 전혀 딴판인 국세이다. 맥은 받았다고 할 수 있으나 좌우는 의지할 것이 없고 앞은 바다로 툭 트여서 삼면에서 해풍이 거세게 몰아치는 삭막한 곳이다.

순간 필자의 뇌리에는 DJ의 파란만장했던 생애가 스크린이 되어스쳐갔다. 여러 번의 죽을 고비와 6년의 감옥살이, 수없이 많은 연금과 10여 년의 망명생활 등 고난과 시련으로 점철된 그의 생애는 분명 탯자리와 무관치 않다는 생각이 들었다. 풍수가 사람의 운명에 미치는 영향이란 바로 이런 것인가 보다.

날이 어두워 다음날 다시 와 자세히 살펴보기로 하고 숙소를 잡아 짐을 풀었다. 다음날은 DJ 선친의 구광터(舊壙터)도 둘러 볼 예정이었다. 그러나 아침에 일어나 보니 기상 상황이 변해 있었다. 바람이 강하게 불고 파도가 높아지기 시작했다. 목포로 돌아가는 배는 오전 9시 배편뿐이라는 안내가 확성기를 통해 울려 퍼지고 있었다. 아쉬움을 남긴 채 서둘러 하의도를 빠져나올 수밖에…

1992년 14대 대통령 선거, 1997년 15대 대통령 선거 벽보.

용인으로 이장한 DJ 선친의 구광터를 꼭 보고 싶었는데…

박정희 전 대통령이 김대중을 꺾기 위해 DJ 선친 묘소 안산에 해당하는 돌섬을 깨부숴버렸다고 전해지는… 끝내 아쉬움이 남는다.

박정희와 김대중은 1971년 제7대 대통령 선거에서 맞붙었던 숙적이다. 박정희의 최고 정적은 김대중이었다. 김대중을 해외에서 납치하고 살해를 꾀하고 감방에 가두었던 것도 박정희였다.

박정희는 모 풍수사의 조언을 듣고 DJ의 앞길을 가로막기 위해

DJ 선친 묘소의 안산에 해당하는 돌섬을 파괴해 버렸다. 수십 킬로미터 떨어진 목포항 선착장 공사에 필요한 돌을 조달하기 위해서라는 말도 안 되는 이유로…

정적을 제거하기 위해 풍수가 동원된 것이다. 박정희의 증오에 가까운 정적 핍박이다.

그러나 DJ는 대통령이 된 후 정치보복을 하지 않았다. 내란음모 재판 최후진술 때도 "나는 사형 판결을 받고 처형되겠지만 민주주의가 회복되는 날이 왔을 때 절대 정치적인 보복이 행해지지 않도록 부탁한다"라고 진술한다.

미래에 대한 통찰력으로 오늘날 대한민국 경제를 견인하는 '지식 정보화 강국'의 토대를 마련하기도 했다. 관용과 포용, 예리한 통찰력을 갖춘 큰 정치인의 면모가 돋보인다.

목포에서 쾌속선으로 1시간 20분 거리인 하의도는 김대중 전 대통령의 생가가 아니더라도 경관이 매우 아름다운 가볼 만한 섬이다. 해안 도로가 잘 정비되어 있어 트래킹 코스로도 적격이다. 느긋한 일정으로 자전거라도 싣고 들어가면 몸과 마음을 힐링할 수 있는 좋은 휴가가 될 것 같다.

2. 종묘의 지맥을 끊은 일본의 풍수 침략

- 거북바위의 목을 자른 명나라 장수 이여송

일제 침략 36년은 우리의 많은 문화유산이 일제에 의해 훼손·멸실·왜곡되는 문화 침략이 이루어진 시기이기도 하다. 그중에 풍수적으로도 일제는 백두대간의 정기가 흐르는 전국 도처의 명산에 쇠말뚝이나 돌기둥을 박았다. 그리고 지맥을 단절하기 위해 산허리를 자르는 등 식민사관에 근거한 민족정기 말살 정책을 펼친 것이다.

우리 민족의 생활문화 근저에 신앙처럼 자리 잡고 있는 풍수 사상에 대한 방대한 조사 보고서가 일본 사람 무라야마 지준(村山智順)이 쓴 [조선의 풍수]라는 책이다. 일제는 이러한 조사를 바탕으로 한반도의 혈을 끊기 위해 곳곳에 쇠말뚝을 박고 지맥을 잘라 국운

민족정기를 말살하기 위해 일제는 백두대간의 정기가 흐르는 전국 도처의 명산에 쇠말뚝을 박고 지맥을 훼손했다.(출처: 네이버 블로그 '활짝 피어날 때 향처가 어딘가')

을 단절하려 했다.

　이렇게 우리 민족의 정신적·사상적 사고에 상처를 내서 우리에게서는 더 이상 인물이 나오지 않을 것으로 믿게 했다. 심리적으로 절망하고 자포자기하게 해서 다시는 일어설 수 없는 민족으로 만들려 한 것이다.

　일제의 풍수 침략 사례는 여러 곳에서 볼 수 있는데 대표적인 사례가 북악산에서 창경궁을 거쳐 종묘로 이어지는 지맥을 끊어 지기(地氣)를 단절시킨 것이다. 종묘는 조선왕조 역대 왕들의 신위가 모셔진 조선왕조의 상징이라 할 수 있는 곳인데, 이곳으로 들어오는 지맥을 도로개설이라는 구실로 끊어버린 것이다.

이 길이 창경궁과 종묘를 가로지르며 안국동에서 서울대병원 쪽으로 가는 지금의 율곡로이다. 최근에 훼손된 민족정기를 고취하고 왜곡된 역사를 바로 세우기 위해 율곡로를 터널화하고 그 위를 흙으로 덮어 지맥을 연결하는 공사가 진행되고 있다. 늦었지만 다행스러운 일이 아닐 수 없다.

또 임금의 거처인 경복궁에서 근정전 주위에 있는 홍례문이나 교태전 등 4,000여 칸의 건물을 헐어내고 그 자리에 조선총독부 건물을 신축했다. 지금 우리가 보고 있는 왕비의 침전 교태전(交泰殿)이나 왕의 침전 강녕전(康寧殿)은 1990년대 중반에 복원된 것이다.

당시 총독 데라우찌는 조선총독부 건물의 신축 위치에 대해, 총독부 건물은 건축적 측면이나 도시계획적 측면을 봐서는 안 되고 정치적 상징과 의미를 가져야 된다고 주장한다. 조선왕조가 확실히 망하고 앞으로 일본이 조선을 영구히 지배한다는 것을, 모든 조선 사람들과 전 세계에 선언하는 의미에서 경복궁을 헐고 그 자리에 지어야 한다고 주장했던 것이다.

이렇게 지어진 총독부 건물은 앞에 있던 광화문을 헐어내고 임

창경궁에서 종묘로 흐르는 지맥을 잘라 율곡로를 내고 그 사이는 육교로
연결해 놓았었다.

율곡로를 지하차도로 만들어 창경궁과 종묘의 지맥을 연결하는 공사가
마무리되어가고 있다.

금이 정사를 관장하던 조선왕조의 상징 근정전 앞을 가로막아 버린다. 조선왕조의 권위를 철저히 차단하고 새로운 총독부의 위용에 굴종을 강요하며, 은연중 내선일체(內鮮一體)만이 살길이라는 암시를 주고 패배감을 심어주기 위한 고도의 풍수적 술수였던 것이다.

아이러니컬하게도 우리는 이 건물에서 해방 후 대한민국 선포식을 하고 새로운 대통령들이 국헌준수 선서를 하게 된다. 1986년 국립중앙박물관으로 사용되다가 1995년 8월 15일 광복 50주년을 맞아 김영삼 정부에 의해 치욕의 역사 조선총독부 건물은 드디어 철거되고 만다.

그밖에도 전국 곳곳에서 그 지역 사람들이 빼어난 지세라 하여 정신적으로 믿고 의지하던 지맥들을 일제는 인위적으로 자르고 훼손하였다. 경부선 철도나 신작로를 낸다는 구실로 훨씬 가까운 지름길이 있음에도 불구하고 산허리를 돌아 용의 목을 자른다. 고을을 받쳐주던 호랑이의 허리도 여지없이 동강내며 백두대간의 정기를 끊어 우리에게서 희망의 싹을 잘라내려 했던 것이다.

이렇듯 치밀한 계획 하에 국가 간에도 의도적인 풍수 침략이 은밀히 이루어졌는데 풍수 침략은 일본만이 아니라 중국에 의해서도 자행되었다.

중앙청으로 사용되었던 조선총독부 건물의 옛 모습.(출처: 네이버 블로그
서울시 '즐겨봐요 문화관광') 광화문과 교태전 등 4,000여 칸의 건물을
헐어내고 지었으며 조선 왕조의 상징 근정전 앞을 가로막아 버렸다.

　　우리가 일제의 소행으로만 알고 있는 전국 명산에 박혀있는 쇠말
뚝의 반 정도는 중국 사람들이 박아놓은 것이다. 특히 임진왜란 때
원군으로 참여했던 명나라 장수 이여송은 우리나라 도처의 명산에
쇠말뚝을 박아 뜸을 뜨고 산등성이를 잘라내며 지맥을 끊었다. 조
선의 지세가 중국과 달리 산이 많고 물이 좋아 훌륭한 인물이 많이
배출될 것을 염려했던 것이다.

　　선린우방(善隣友邦)을 자처하면서도 자국의 이익 앞에서는 한 치의
양보도 없는 현대의 외교전을 보는 것 같다. 수년 전 미국 정부는

세계 30여 개 우방국 정상들의 전화를 오랫동안 도청해 왔다는 의혹으로 곤경에 빠졌었다. 수백 년 전 풍수 침략과 다를 게 무언가?

충북 보은의 속리산 법주사는 절 뒤쪽에 있는 야트막한 봉우리 수정봉 아래에 자리 잡고 있다. 커다란 암반으로 이루어진 수정봉 정상에는 신령한 거북을 닮은 큰 바위가 있는데 이 거북바위는 목이 잘려 있다.

이 거북은 머리가 중국이 있는 서쪽을 향하고 꼬리는 동쪽에 있다. 이것을 본 명나라 장수 이여송은 거북이 알을 낳는 꽁무니가 동쪽에 있으면, 중국의 재물과 비단이 날로 동쪽나라 조선으로 옮겨질 것으로 생각했다. 그래서 이 거북의 목을 자르고 등에는 돌탑을 세워 눌러 놓았다.

50여 년이 지난 효종 4년(1653)에 다시 머리를 잇고 탑을 헐어 냈다는 기록이 송시열 선생이 쓴 '속리산사실기비'에 남아 있다. 법주사 마당 금동미륵대불 뒤편에 수정봉으로 오르는 등산로가 있으며, 20여 분 오르면 금방이라도 살아 움직일 것 같은 신령한 거북바위를 만날 수 있다.

속리산 IC를 빠져나와 법주사로 들어가는 길목엔 工자형(H자형) 가옥으로 유명한 보성 선씨 가문의 고택 선병국가옥(중요 민속문화재 제134호)이 있다. 풍수지리에서 건물의 평면구성이 공(工)자나 시(尸)자

명나라 장수 이여송에 의해 목이 잘린 수정봉 거북바위. 시멘트로 연결된
부분이 선명하다.

모양의 집은 좋지 않다고 한다. 工은 '부수는 것'을 뜻하고, 尸자는
'시신(屍身)'을 의미하기 때문이다.

　이곳에 처음 터를 잡아 가옥을 건립한 것은 1920년경으로, 현재
이 집을 지키는 종손의 증조부 선영홍(宣永鴻)이다. 선영홍은 당대에
소문난 재력가였는데 '위선최락(爲善最樂)'을 모토로 어려운 이웃을 돕
고 관선정(觀善亭)이라는 서당을 만들어 인재양성에 앞장섰던 분이다.
한일합방으로 조선의 언어와 역사를 말살하려는 일제에 맞서 전국
에서 인재를 모아 사재로 한학과 신학문을 가르쳤다. 후손들은 이러

한 유지를 받들어 지금도 곳간채를 정비, 20칸 규모의 '관선정 고시원'을 열고 그 전통을 이어가고 있다.

선영홍이 집터를 찾던 어느 날 꿈을 꾸는데 "섬에 집을 지으라"는 꿈을 꾸었다. 그래서 전국으로 현몽(現夢)한 집터를 찾아다녔다. 당시 '육지 속 섬'의 형상인 서울의 여의도와 현재의 자리가 후보지였는데, 지관의 추천에 의해 삼각주처럼 생긴 이곳으로 터를 정했다고 한다.

하지만 이 집은 터가 길하지 않아서 터의 흉함을 제거하기 위해 일부러 흉택(凶宅)의 평면을 채택했다. 건축 후 초기에는 '工'자형 평면을 통해 터의 흉함을 제거하고, 70~80년 후부터는 길하게 된다는 이유에서 일부러 '工'자형 구조를 이루게 한 것이라 한다.

3. 시신 없는 무덤의 발복

- 유관순 열사 초혼묘(招魂墓)

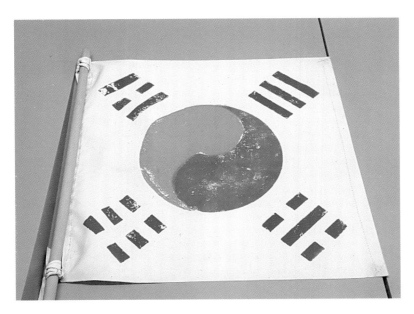

3·1 운동 당시 만세시위에 사용되었던 태극기. 그때의 태극기는
제작기준이 마련되지 않아 지방마다 모양이 조금씩 다르게 그려졌다.

교회 옆에 자리 잡은 유관순 열사의 복원된 생가 모습.

아우내 장터!

3·1 운동의 사실상 발원지, 지금은 병천 순대로 더 유명해진 천안 병천장이다.

경성을 비롯한 대도시의 만세운동으로 휴교령이 내리자 이화학당에 다니던 유관순 열사는 고향으로 내려와, 이곳에서 1919년 음력 3월 1일 3,000여 명의 사람들을 모아 놓고 독립만세를 외쳤다. 유 열사는 이 아우내 장터 만세운동에서 무자비한 일본 헌병의 총

탄에 사랑하는 아버지와 어머니를 잃었다. 병천(竝川)이란 지금의 지명은 두 물(川)이 어우러진다는 의미의 아우내라는 순우리말이 한자로 표기하는 과정에서 변화한 것이다.

유관순 열사는 아우내 장터 만세운동으로 3년형을 받고 투옥되어 옥중 투쟁을 하다 1920년 9월 28일 꽃다운 나이에 18세를 일기로 서대문 형무소에서 순국했다. 모진 고문으로 시신은 형체를 알아볼 수 없는 지경이었으며, 이화학당의 주선으로 이태원 공동묘지에 안장되었다.

그러나 그 후 일제는 이태원 공동묘지를 군용지로 사용하기 위해 미아리 공동묘지로 강제 이장한다. 이 과정에서 쓴 지 1년도 안된 유관순 열사의 묘를 무연고 분묘로 처리해 열사의 묘소는 흔적도 없이 사라져 버렸다.

이에 유관순 열사 기념사업회에서는 순국 69주기를 맞아 1989년 10월에야 열사의 영혼을 위로하기 위해 초혼묘(招魂墓)를 조성하였다. 초혼묘는 유골이 없는 분의 혼백을 모신 묘로, 늦었지만 이렇게라도 열사를 기릴 수 있게 된 것은 다행스러운 일이 아닐 수 없다.

집안마다 윗대로 거슬러 올라가면 선대의 묘를 잃어버리고 단(壇)으로 모셔 놓은 경우를 심심찮게 볼 수 있다. 오랜 세월 수많은 변란을 거치면서 부침이 거듭되다 보니 조상 묘를 잃어버린 것이다.

유관순 열사 초혼묘. 초혼묘는 유골이 없는 분의 혼백을 모신 묘이다.

후대에 와서 단으로 모시고 받드는데 초혼묘와 같은 개념이다. 그러면 이런 경우에도 발복이 가능한 것일까?

음택풍수에서 동기감응이란 땅속에 묻힌 조상의 유골이 유전인자가 비슷한 후손에게 영향을 미친다는 이론이다. 그렇다면 유골이 없는 초혼묘나 조상의 단은 어떠할 것인가?

풍수 고전에 의하면 동기감응은 유전자에 의한 생체적 동기감응뿐만 아니라 정신적인 즉 영적인 동기감응도 가능하다고 본다. 동기감응에 대한 적극적인 해석인 셈이다. 풍수 고전 [의룡경(疑龍經)]에

유관순 열사 초혼묘 봉안 기념비.

서는 동기감응은 반드시 조상의 유해(遺骸)로만 이루어지는 것이 아니라 초혼장(招魂葬)이나 제례(祭禮) 등의 방법으로도 가능한 것으로 보고 있다. 이러한 인식은 성리학의 주자(朱子) 역시 일관되게 주장하였고 풍수에 대해 비판적이었던 조선의 일부 실학자들까지도 공감하고 있다.

[의룡경] 하편 의룡십문(疑龍十問)에는 친부모가 아닌 양부모 묘소로 인하여 양자도 동기감응이 가능한 것인지에 대한 문답 형식의 문

장이 있다. 즉 "조상의 골해가 후손에게 영향을 준다고 하는데 양자인 경우는 어떠할 것인가" 라는 물음에 다음과 같이 답하고 있다.

"옛사람들은 일찍이 혼을 불러 장사를 지내는 초혼장이 있었는데 하늘에 있는 사람의 영혼을 부르는 것도 하나의 방법이다. 어찌 조상의 골해에만 집착하여 친부모 장사만 지내려 하는가. 중요한 것은 제사를 받들고 향불을 밝히는 것이다. 따라서 양자든 친자든 한 가지로 조상의 영혼으로부터 생령을 받는다는 점에서 차이가 없음을 알아야 한다."

비록 망자의 체백이 없더라도 혼백을 불러 장사를 지내는 초혼장 방법으로도 동기감응이 가능하다는 내용이다. 위 글에서는 친부모의 유해에만 집착하지 말 것이며, 친자든 양자든 누가 제사를 모시고 조상을 위하는지가 중요하다는 뜻이다. 친자도 조상에 대한 공경의 마음이 없으면 감응이 없고, 양자라도 길러준 양부모에 대해 극진하게 제사를 모시면 혼백의 정령은 양자에게 전해진다는 뜻이다. 동기감응은 조상의 유해뿐 아니라 혼백의 문제까지 고려해야 한다는 것을 말하고 있다. 결국 조상을 이어 나감에 있어서 친자식이 중요한 것이 아니라 정성을 다해 조상의 제사를 모시는 사람이 음덕을 받는다는 말로 끝맺음하고 있다.

명나라 때 서선계·서선술 형제가 지은 [지리인자수지(地理人子須知)]

에서도 동기감응에 관한 부분이 있다.

"골고루 발복하려거든 혈 하나에만 얽매이지 말고, 별도의 혈을 구하여 생전에 입던 옷가지로 보한 즉 균일함을 얻을 수 있다."

즉 묘 터가 형제간에 누구에게 유리할 것인가를 따지며 다투는 것은 불가하다는 말이다. 흔히 말하기를 어느 땅은 장자에게 유리하고 어느 땅은 차자에게 유리하다는 식으로 구분하면, 형제간에 서로에게 유리한 땅에 부모 묘를 쓰려고 오랫동안 장사를 지내지 않는 것을 지적한 것이다. 그러한 분란을 없애기 위해 혈 하나에는 부모의 유해를 장사 지내고, 또 다른 혈을 구해 망자가 사용하던 옷가지로 장사를 치르면 형제간의 발복이 균일하다는 말이다. 이를 양균송의 말을 인용하면서 중분합력(衆墳合力)이라고 하였다. 위 글은 [의룡경]에서 말한 초혼장과 같은 맥락이다.

결국 동기감응이란 유해를 매개체로 한 생체적 감응뿐만 아니라 초혼장이나 제사와 같은 정신적인 즉 영적인 감응도 가능하다고 본다. 공경하는 마음이 바르면 조상과의 소통이 이루어진다는 것이다.

요즘은 세태가 변하여 후손들의 조상 생각하는 마음이 예전 같지 않다. 효는 만행의 근본이라 했다. 정성을 다해 선대를 모실 때 삶이 순탄해질 것이다. 죽어서나 살아서나 부모는 우리의 수호신인 것이다.

초혼묘는 여러 곳에서 볼 수 있다. 고려 왕건을 대신해 죽은 신숭겸 장군의 묘는 춘천에도 있고 대구에도 있는데, 대구 표충단은 장군이 전사한 자리에 장군이 입던 무인복을 묻고 단을 쌓은 초혼묘이다. 조선 초 단종의 복위를 추진하다 처형된 성삼문의 묘도 노량진 사육신 묘역과 논산 가야곡 두 곳에 있다. 가야곡의 묘는 성삼문이 극형을 당하여 찢긴 육신이 팔도에 조리돌려질 때 근처 선비들이 나서서 마련한 초혼묘이다.

4. 가야사를 불태우고 빼앗은
2대 천자지지(天子之地)

- 남연군 묘소.

풍수학인들이 자주 찾는 답사지 가운데 한 곳이, 원효대사가 산 모습과 물 기운이 뛰어나 나라 땅의 내장과 같은지라 '내포'라 했다는 충남 내포지역의 예산 땅이다. 옛날부터 그곳엔 천하제일의 명당 자미원(紫微垣)이 있다고도 했으며, 그래서인지 명당을 찾는 사람들도 유독 예산 땅으로 많이 몰린다.

'대쪽'이라는 별칭으로 친숙한 이회창 전 총리는 선영이 예산에 있는데 선친이 돌아가시자 선영 아래에 모셨다. 16대 대선을 앞두고는 예산 신양면으로 옮겼고, 17대 대선을 앞두고 다시 이장을 한다.

고 김종필 전 총리도 선친의 묘소를 예산군 신양면으로 이장했으며, 한화갑 전 평민당 대표도 고향에 있던 선친의 묘소를 예산에

가야산 석문봉 아래 2대 천자지지라 일컬어지는 대원군의 아버지
남연군 묘소.

남연군 묘비. 묘비의 글씨는
홍선대원군의 친필이다.

서 가까운 유구로 이장한다.

또 한때 자칭 풍수 도사로 행세했던 육관 손석우도 죽은 뒤 예산 땅에 묻히는데 생전에 본인이 잡아놓은 자리이다. 이렇듯 예산은 풍수 공부를 하는 사람들에게는 볼거리와 공부 거리가 풍부한 곳이다.

그중에서도 백미는 외척들의 세도정치에 실종되어버린 왕권을 회복하기 위해, 그 아버지의 무덤을 이장하고 아들을 임금의 자리에 오르게 했다는 흥선대원군의 아버지 남연군 묘소이다.

대원군은 풍수지리를 철저히 신봉했던 사람으로 풍수의 위력으로 허울뿐이었던 전주 이씨 왕족의 권위를 회복한 야심가였다. 남연군 묘와 대원군에 관한 숱한 얘기들은 황현의 [매천야록]을 비롯하여 여러 곳에 언급되고 있는데, 약간씩의 차이는 있지만 대강의 내용은 일치한다.

흥선대원군의 자는 시백(時伯)이요 호는 석파(石坡)로 영조의 현손(玄孫)이다. 나이 20에 흥선군에 봉해졌지만 안동 김씨의 세도에 눌려 제대로 힘을 펴지 못하는 허울뿐인 왕족이었다. 임금까지도 세도가에게 휘둘리고 무시당하는 조선 조정의 현실을 보면서, 힘없는 왕족의 설움을 가슴 깊이 새기며 언젠가는 안동 김씨 세도를 타도하리라 굳게 결심한다.

그는 야심을 숨기고 세도가들의 눈을 속이기 위해 날마다 술에 취해 파락호(破落戶)처럼 생활한다. 일부러 시궁창에 엎어지기도 하고 악취가 진동하는 옷에다 흐트러진 의관을 하고 대감댁 잔치상에서 게걸스럽게 음식을 먹어대는가 하면, 기생의 사타구니 밑으로 기어 나오기도 한다.

세도가들의 눈에 똑똑한 왕족으로 비치거나 총명하다는 인상을 주는 날에는 살아남기 어렵다는 걸 잘 알고 있었기 때문이다. 왕권 회복에 대한 염원을 가슴속에 숨긴 채 절치부심 안동 김씨의 세도를 물리칠 방도를 찾고 있었다.

그러나 뾰족한 방법을 찾을 수 없어 고심하던 끝에 생각해 낸 것이, 신의 공력을 빼앗아 하늘이 정해놓은 인간의 운명도 바꿀 수 있다(奪神功 改天命)는 풍수에 의존하기로 한다. 무슨 수를 쓰더라도 조상을 명당에 모셔 간절한 소원을 이룩해야겠다고 다짐하고, 정만인이라는 명사를 만나 소위 '2대 천자지지(二代 天子之地)'라고 하는 대명당을 얻는데 성공한다.

가야산 석문봉(石門峰) 아래 명당의 조건을 두루 갖춘 예산군 덕산면 상가리로 경기도 연천에 있던 아버지 남연군 이구의 묘를 이장해 온다. 남연군의 묘를 이장하고 7년 만인 1852년에 둘째 아들 재황(載晃. 아명은 명복)을 얻었다. 그리고 그로부터 11년 뒤인 1863년에 이 아이가 고종이 되었으며, 그 아들이 순종이니 틀림없이 2대 천자를 얻은 것이다.

아들 명복이 12살 되던 해에 철종이 후사(後嗣) 없이 돌아가자, 흥선군은 왕실의 어른인 조대비와 손잡고 그의 아들 명복을 왕위에 올린다. 그리고 자신은 대원군(大院君)에 봉해지며 섭정을 시작한다. 이로써 순조·헌종·철종 3대에 걸친 안동 김씨의 세도는 막을 내리게 되는 것이다.

남연군 묘소에는 흥선대원군의 야망과 염원이 함께 묻혀있다. 대원군은 정만인에게서 가야산 동쪽에 2대에 걸쳐 천자가 나올 자리가 있고, 오서산에 만대에 영화를 누릴 수 있는 자리(萬代榮華之地)가 있다고 듣는다. 만대영화지지가 낫지 않겠느냐는 권유를 받지만 한치의 망설임도 없이 가야산의 2대 천자지지를 택한다. 그러나 정작 그 자리에는 이미 가야사라는 절이 들어서 있었다.

대원군은 자신의 재산을 처분해 마련한 2만 냥의 반을 주고 주지를 매수한 후, 중들이 절을 비우게 한 다음 그 틈을 타 절을 불태워버린다. 그리고 그 자리에 자기 아버지의 묘를 쓴다. 실로 사무치는 염원과 야망이 없이는 엄두도 낼 수 없는 일이다.

그러나 남연군 묘는 대원군의 쇄국정책을 풀어보려던 독일 상인 오베르트에 의해 파헤쳐지기도 하고, 두 임금을 끝으로 조선이라는 나라의 맥이 끊기는 결과를 낳았으니 과연 천하 대명당인지는 다시 생각해 볼 일이다.

남은들 상여. 대원군이 부친의 묘를 옮긴 후 덕산면 광천리 마을에
하사했다고 전하는 궁중식 상여이다.

남연군 묘 뒤편에도 용맥을 끊기 위해 산줄기를 훼손한 일제의
풍수 침략 흔적이 남아 있다.

훗날 안동 김씨는 대원군의 환심을 사려고 갖은 노력을 다 하는
데 대원군과 안동 김씨 사이의 재미있는 일화가 있다.

안동김씨는 문중회의를 열고 종가댁으로 대원군을 초청한다. 면
을 좋아하는 대원군을 위해 큰 상을 차려놓고 기다리는데 대원군

은 일부러 세 시간씩이나 늦게 간다. 김씨 일가에서는 조심스럽고 어려운 자리라 아무 말도 할 수 없었다.

대원군이 도착하자 곧바로 면이 나왔고, 한입 가득 면을 넣고 씹던 대원군이 갑자기 면을 뱉으며 소리쳤다.

"독이다, 독약이다!"

주위는 온통 사색으로 변했고 대원군은 김씨 문중을 노려보았다. "이들을 모두 끌어내라!" 한마디면 안동 김씨는 풍비박산 나는 순간이었다.

이때 안동 김씨 종손이 갑자기 일어서더니 대원군이 뱉어놓은 면을 두 손으로 쓸어 담아 자기 입에 넣고 먹는 것이었다.

너무나 순식간에 일어난 일이었고 변명이 필요 없는 무언의 행동이었다. 생사의 기로에서 종손의 재치와 기지가 빛났지만 대원군도 두뇌회전이 빠른 사람이었다.

"농담으로 한번 해 본 소리인데, 자실 것까지야 뭐 있소? 허허 내가 졌소."

안동 김씨에게 당한 숱한 수모를 참고 버티어 온 대원군의 농담 한마디에 안동 김씨는 멸문의 사선을 넘나드는, 등골이 오싹해지는 저승체험을 한 것이다.

대원군의 위세를 짐작해 볼 수 있는 일화이다.

절을 없애고 그 자리에 아버지 이구의 무덤을 쓴 대원군은 아들

남연군 묘소를 등지고 서 있는 상가리 석불. 대원군이 가야사를 불태우고
그 자리에 묘를 쓰자 반대편으로 등을 돌려버렸다는 설화가 있다.

이 임금이 된 뒤 남연군 묘 맞은편 서원산(書院山) 기슭에 절을 짓는
다. 아들이 왕위에 오른 것에 대한 은덕에 보답한다는 의미로 보덕
사(報德寺)란 이름을 내렸는데, 절의 시주자(施主者)가 큰 아들 이재면
(李載冕)으로 되어 있으니 조선왕조의 마지막 왕실원찰(王室願刹)인 셈
이다.

　기록에 의하면 보덕사는 '대단히 웅장하고 화려했으며 많은 전
토(田土)와 보화가 내려졌다'고 전한다. 애석하게도 한국전쟁 중 불타
없어져 웅장했던 절의 모습은 자취를 감춰버리고, 지금은 호젓한

분위기를 자아내는 아담한 비구니 사찰로 남아있다.

남연군 묘에서 200m쯤 떨어진 왼쪽 산기슭에는 거칠고 투박하게 조각된 돌부처(상가리 석불)가 계곡을 향해 서 있다. 풍수지리적으로 청룡 계곡의 허결함을 비보하기 위한 석상이다. 이 돌부처는 원래 가야사를 바라보고 있었으나 대원군이 가야사를 없애고 남연군 묘를 쓰자 반대편으로 등을 돌려버렸다는 설화가 있다. 코는 보수한 흔적이 있는데, 돌부처의 코를 떼어 가면 아기를 못 갖는 아낙이 아기를 가질 수 있다는 전설이 있어 코를 떼어가 버렸기 때문이라 한다.

5. 반토막 난 독립운동의 산실 임청각!

"나라를 되찾기 전에는 내 유골을 고국으로 가져가지 말라."

임시정부 초대 국무령 석주 이상룡 선생의 유언이다. 우리에게 나라와 겨레가 무엇인지 묻고 있다.

안동은 조선시대 최고의 사상가이자 교육자·정치인이었던 퇴계 이황 선생과 서애 유성룡 선생의 가르침이 남아있는 한국 정신문화의 성지이다. 두 분은 관직에서 물러난 뒤 고향 안동으로 돌아와 후학들을 가르치며 많은 제자들을 길러냈다. 그 영향으로 안동은 우리 민족정신문화의 중심에 서는 고장이 되었다. 특허청도 안동만이 갖고 있는 숭고한 정신문화를 인정, 2006년 7월 <한국 정신문화의

수도 안동>이란 브랜드를 등록시켜준다.

　양반고을 안동의 선비들이 보장된 부귀영화를 버리고 나라를 위해 일제에 항거했던 독립운동사를 보면 저절로 고개가 숙여진다. 경제적인 풍요로움과 사회적 지위를 보장받은 사람들이었지만 현실에 안주하지 않고 분연히 떨쳐 일어나 목숨을 걸고 일제와 맞섰다. 석주 이상룡 선생이나 백하 김대락 선생이 그런 분들이다. 조상 대대로 물려받은 전답을 정리하고 종택을 처분하여 식솔들을 거느리고 독립운동 망명길에 오르는 대목에서는 한없는 존경심이 우러난다. 양반으로서의 기득권을 버리고 노블레스 오블리주를 몸소 실천한 안동 선비들이야말로 우리 사회 지도층의 귀감이 되기에 마땅하다.

　안동 임청각(臨淸閣)은 500년이 넘는 유구한 역사를 지닌 고성 이씨 종택으로 현존하는 우리나라 살림집 중 가장 오래된 전통한옥이다. 안동의 진산 영남산 자락에 낙동강을 바라보며 터를 잡아 자연과 어우러진 경관이 빼어난 고택이다. 용(用)자가 가로 누운 듯한 평면구성으로 길격의 가상(家相)이다.
　임시정부 초대 국무령을 지내고 신흥 무관학교를 세워 무장독립투쟁의 토대를 마련한 고성 이씨의 종손, 석주 이상룡 선생이 이 집에서 태어났다. 1963년 보물 182호로 지정되었으며 임청각이란 현판은 퇴계 이황 선생의 친필이다.

영남산 자락에 자리 잡은 임청각. 앞을 지나는 철길을 거둬내고 현재는
복원을 준비 중이다.

석주 이상룡은 영남의 대표적인 유학자·계몽가이자 평생 명예와
부가 보장된 임청각의 종손이었다. 그러나 독립운동에 일생을 바친
행동하는 지성인이었고, 안동의 유가로서는 맨 처음 노비문서를 불
태우고 하인들을 해방시켰던 선각자이다.

선생은 영남 학계의 거유 서산 김흥락 문하에서 수학하였으며
젊은 시절에는 의병활동을 지원하고 근대식 교육기관인 협동학교

설립에 참여하는 등 민족의 독립과 계몽운동에 앞장섰다. 1910년 한일 강제병합이 이뤄지자 대대로 섬기던 조상의 위패를 땅에 묻고 모든 가산을 처분해 이듬해인 1911년 1월 만주로 망명한다. 그의 나이 54세 때로 한 가문 종가의 종손으로서는 쉽게 실행하기 어려운 파격적인 결정이다. 50여 가구의 일가와 친척들을 이끌고 만주로 건너가 여생을 독립운동에 바친 민족의 큰 지도자이다. 공맹 사상이 뼛속까지 배인 유학자였지만 "공자와 맹자는 시렁 위에 얹어 놓았다가 나라를 되찾은 뒤에 읽어도 된다"라고 하는 대목에서는 선생의 독립에 대한 굳은 의지를 엿볼 수 있다.

만주 망명 후 독립운동의 기반이 된 한인단체(경학사·부민단·한족회)를 조직하고 신흥 무관학교·서로군정서 등을 세워 무장 항일투쟁을 이끌었다. 1925년 대한민국 임시정부 초대 국무령으로 추대되어 독립운동계의 통합을 위해 헌신하였다. 독립운동사에서 혁혁한 전과를 올렸던 독립군을 양성한 신흥 무관학교는 이상룡 선생과 이회영 선생이 설립한 '신흥강습소'가 그 출발이다.

이상룡 선생은 그토록 바라던 독립을 보지 못하고 1932년 6월 중국 길림성 서란현에서 75세를 일기로 서거하였다. 선생의 유해는 1990년 6월 광복 45년 만에 고국으로 돌아와 국립현충원 임정수반 묘역에 안장되었다.

유해는 돌아왔지만 선생은 이후로도 오래도록 무국적자로 남아

임청각의 산실(産室) 우물방. 임청각 출신 독립유공자 중 9명이 이 방에서
출생했다.

있었다. 일제의 호적을 그대로 이어받은 것이 대한민국 호적인 바,
일제의 호적을 거부했던 많은 애국지사들이 국적을 인정받지 못했
던 것이다. 이게 바로잡힌 것은 2009년의 일이다. 풍찬노숙으로 갖
은 고초를 겪으며 조국의 독립에 일생을 바친 독립투사들이, 해방
된 조국에서 60년이 넘도록 국적을 회복하지 못했다는 사실은 대
단한 아이러니가 아닐 수 없으며 부끄러운 우리의 자화상이다.

더더욱 가슴 아픈 일은 나라를 위해 모든 것을 내놓았기에 선생
의 후손들은 극심한 가난에 시달리며 뿔뿔이 흩어져 살아야 했다
는 사실이다. 손자·손녀가 광복을 찾은 대한민국에서 고아원 생활
을 했다. 생존해 있는 후손 중 최고령인 선생의 직계 증손 이항증씨

도 여동생과 함께 한동안 고아원인 대구 보육원에서 지냈다.

반민족 매국을 했던 친일파의 후손들은 지금까지도 떵떵거리고 잘 사는데…

문재인 전 대통령은 2017년 광복절 경축사에서 "독립운동가들을 더 이상 잊혀진 영웅으로 남겨두지 말아야 한다"며 임청각을 언급했다. "독립운동가의 3대까지 예우하고 자녀와 손자녀 전원의 생활안정을 지원해서 국가에 헌신하면 3대까지 대접받는다는 인식을 심겠다"라고 했다.

많은 애국지사들의 투쟁과 희생이 오늘의 대한민국을 만든 초석이 되었다면 마땅히 그들의 숭고한 희생은 오래도록 기려져야 한다. 빈약한 나라를 일으켜 세우느라 좌우 살필 겨를이 없었다는 얘기는 한낱 핑계에 지나지 않을 것이다.

임청각은 이상룡 선생을 비롯하여 선생의 당숙 이승화, 아들 이준형, 손자 이병화, 부인 김우락, 손부 허은 등 독립운동의 공로로 서훈을 받은 분들만 11분을 배출했다. 그뿐만 아니라 임청각이 사위로 맞아들인 이들 가운데서도 다수의 독립유공자가 배출되었다. 이상룡 선생의 처가와 사돈댁까지 합치면 40여 명의 독립운동가를 배출한 집안이다. 일제가 패망하는 날까지 4대에 걸쳐 독립의 뜻을 꺾지 않고 항일의 길에 매진하였던 독립운동의 산실이다.

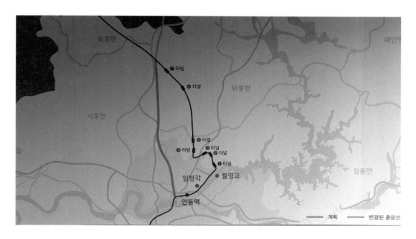

당초 계획을 변경하여 5km를 돌아 설계된 임청각 앞 중앙선 철도.

임청각의 안사랑채 우물방은 여러 명의 정승이 난다는 속설이 전해오고 있다. 우물방은 이 터의 진응수가 나는 용천이 바로 방 밑에서 솟는다 하여 붙여진 이름이다. 실제로 임청각의 외손들 중에서 여러 명의 정승이 나왔고, 이상룡 선생을 비롯한 임청각 출신 9명의 독립유공자도 모두 이 방에서 출생했다. 뒤에서 튼실한 맥이 들어오는 기운이 강한 곳이다.

임청각의 사당에는 조상의 위패가 없다. 이상룡 선생이 만주로 떠나면서 위패를 땅에 묻었기 때문이다. 고성 이씨 문중에서는 일본인 손에 넘어간 이 집을 판 가격에 50%를 더 얹어주고 되샀다. 사당에는 임청각이 배출한 독립유공자 사진과 훈장증이 조상의 위패를 대신하고 있다.

일제는 민족정기를 끊고 항일 의지를 말살하기 위해 1942년 중앙선 철도를 놓으면서 유서 깊은 임청각을 반토막 냈다. 당초 계획을 변경하여 철교 2개, 터널 7개를 뚫고 5km를 돌아가며 임청각 앞마당을 가로지르는 철길을 냈다. 그 바람에 99칸 임청각은 50여 칸이 강제로 철거되었다. 우리 국민들의 풍수적 정서를 역이용해 패배 의식과 좌절감을 심어주려 한 풍수 침략이다.

그러자 석주의 외아들 이준형은 아버지의 문집인 [석주유고]의 정리를 마친 뒤 "일제 치하에서 하루를 더 사는 것은 하루의 치욕을 더할 뿐"이라는 절명시를 남기고 67회 생일에 목의 동맥을 끊어 자결했다.

늦었지만 다행히도 2020년 중앙선 철길이 바로 놓이게 되고 임청각을 가로질러 달리던 철길은 폐쇄되었다. 현재는 철로를 뜯어내고 복원작업이 진행 중이다. 훼손된 임청각의 완전한 복원은 일제가 말살하려 했던 우리의 민족정기를 되살리는 일이며, 임청각 독립 투사들의 숭고한 정신과 민족혼을 복원하는 것이다.

임청각의 인물들

이상룡
1858~1932
임시정부국무령

이상동 동생
1865~1951
애족장

이봉희 동생
1868~1937
독립장

이승화 당숙
1876~1937
애족장

이준형 아들
1875~1942
애국장

이형국 조카
1883~1931
애족장

이운형 조카
1892~1972
애족장

이광민 조카
1895~1945
독립장

이병화 손자
1906~1952
독립장

임청각의 사위들 또한 독립유공자들이었다.

- 이상룡의 종고모부 김도화(1825~1912) 애국장
- 이상룡의 사위 강호석(1895~1950) 애족장
- 아들 이준형의 사위 허국(1899~1970) 불령선인
- 동생 이상동의 사위 김태동(1897~1982) 대통령 표창
- 이상룡의 매부 박경종(1895~1938) 애족장

제4장

기타

인간은 본질에 있어서 자연의 일부라 할 수 있다.
자연 속에서 자연과 더불어 살아가며 자연의 영향에서
벗어날 수 없다. 주위 자연의 심신성정(心身性情)을
온전히 닮아간다. 그래서 산의 모습은 그곳에 살고 있는
인간들의 또 다른 모습이기도 하다.

1. 만리장성을 쌓은 진시황의 끝없는 욕망

- 진시황릉의 병마용(兵馬俑)

　몇 해 전에 중국 허난성(河南省)의 정주, 낙양과 산시성(陝西省)의 서안을 다녀왔다. 허난성에는 달마대사가 9년간 면벽수행했다는 소림사가 있다. 소림사는 선종의 발상지로 중국의 중요 불교유적이지만, 우리에게는 무협소설에 자주 등장하는 중국 무술의 아이콘 '소림사 스님'으로 각인되어 있다. 참선을 보완하는 수행 방법의 하나로 무술을 도입했다는데, 이 무술이 훗날 고난도의 악명 높은 소림 쿵후로 발전한다. 현재는 불교 도량이면서도 아이러니컬하게 중국 정부의 공인 체육 교습 기관으로 지정되어 우리의 태릉선수촌처럼 엘리트 체육인을 양성해 내고 있다.

진시 황제릉. 뒤쪽의 봉긋한 산이 진시 황제릉으로 규모가 어마어마하다.
진시 황제는 중국을 통일한 후 나라마다 제각각이었던 도량형과
화폐·문자를 통일하였다.

　삼국지의 무대로 고대 중국의 정치·경제·문화의 중심지였던 낙양도 허난성에 속한다. 죽은 자가 묻히는 곳의 대명사이자 성주풀이 가사("낙양성 십리허에 높고 낮은 저 무덤은…")에 나오는 '낙양성 십리허'가 바로 낙양 북쪽의 북망산이다. 망산에는 풍수적으로 좋은 공부 거리가 되는 고묘 박물관이 있다.

　고묘 박물관은 여기저기 흩어져있던 중세 이후 왕후장상들의 묘 중에 시대별로 전형적인 모습의 묘들을 한곳에 모아 놓은 곳이다. 세계적으로도 유례를 찾을 수 없는 특별한 박물관이다. 지하에 총 23기의 묘실이 전시되고 있는데, 역사적으로 의미 있는 고분들이 훼손되는 것을 우려해 원래의 묘를 그대로 옮겨와 전시하고 있다.

여러 유형의 석실과 부장품, 고분벽화 등은 역사·미술사·건축사· 묘장제도 등의 연구에 큰 가치를 지닐 뿐 아니라 옛사람들의 의식 과 생활상을 엿볼 수 있는 소중한 사료들이다.

산시성의 서안에는 중국의 황제릉 중에서도 가장 규모가 크며 장장 53년에 걸쳐 완성했다는 한 무제의 무릉(武陵)이 있고, 세계 8 대 불가사의로 꼽히기도 하는 유네스코 세계문화유산 진시황릉(秦始皇陵)이 있다.

진시황제는 중국 역사에서 첫 번째 황제이다. 기원전 221년, 진왕 정은 천하통일을 선포하면서 전설의 성군들인 삼황오제(三皇五帝)에 서 '황'과 '제'자를 따와 자칭 황제(皇帝)라 칭한다. 거기에 중국 최초 의 황제이므로 '시'를 붙여서 시황제(始皇帝)가 된 것이다.

우리는 진시황제를 생각하면 역사에서 배웠던 분서갱유(焚書坑儒) 나 만리장성을 떠올리며 몹시 잔인한 폭군을 연상한다. 그러나 중 국인들은 "중국 역사에 가장 큰 영향을 미친 인물은 누구인가?"라 고 물으면 언제나 진시황제와 마오쩌둥(毛澤東) 두 사람이 1, 2위를 다 툰다고 한다. 마오쩌둥은 오늘날의 사회주의 중국을 만들었고 진시 황제는 그 중국 자체를 만들었다고 생각한단다.

진시황제는 넓은 중국을 통일한 후 나라마다 제각각이었던 도량 형과 화폐·문자를 통일하여 사회·경제·문화를 하나로 했으니 과시 중국을 만들었다 해도 과언은 아닐 것이다.

그는 옛것을 들먹이며 현실정치를 비판하는 유생들의 행동을 근원적으로 봉쇄하기 위해 의약·점복·농업관계의 실용서적을 제외한 모든 책을 불태워 버리고, 460여 명의 유생들을 구덩이에 생매장하기도 한 폭군이었다. 그러나 그가 건설한 만리장성이나 진시황릉은 오늘날 세계인들이 찾는 중국의 자랑스러운 관광자원이 되어 중국 경제에 활기를 불어넣고 있다.

인류 최대의 토목공사로 불리는 만리장성은 중국의 상징처럼 여겨지는 유네스코 세계문화유산이다. 진시황제 때 건립되었다고 전해지지만 북방의 흉노를 방어하기 위해 여러 왕조를 거치면서 수리와 확장이 이루어졌다. 오늘날 남아 있는 성벽은 대부분 15세기 이후 명나라 때에 쌓은 것이다. 실제 성벽의 길이가 6,352km에 이르는 엄청난 규모로 가히 중국인들의 스케일에 놀라지 않을 수 없다.

불로장생약(不老長生藥)을 찾으며 불로불사(不老不死)를 염원했던 진시황제도 천하를 통일하는 위업을 달성했지만 겨우 50세의 나이로 객사했으며, 열세 살 즉위할 때부터 자기가 죽어서 들어갈 못자리를 팠다.

진시황릉은 넓이가 51.8㎢로 높이 116m, 주위의 길이 2.5km, 사방이 각각 600m에 달하는 엄청난 규모이다. 무려 70여만 명의 죄

병마용에서 발견된 진시 황제릉을 호위하는 도용(陶俑). 친위 군단의
성격을 띤 진시황제의 무덤을 지키는 무사인 셈이다.

실물 크기의 병마용은 훌륭한 예술품으로 수많은 병사들의 표정이 다
르다. 계급·연령·민족 등의 차이에 따라 용모·복장·두발 모양이
다르게 제작되었다.

수가 동원되어 공사를 했다. 관(棺)은 동으로 주조하였으며 무덤 내부는 궁전과 누각 등의 모형과 각종 진귀한 보물들로 가득 채웠다. 그리고 황하·양자강 및 바다를 본뜬 모형을 만들고 수은을 물처럼 계속 흐르게 했다. 천장에는 진주로 아로새긴 해와 달과 별들이 반짝이게 하여 지상의 세계를 그대로 펼쳐 보이도록 했다.

또 내부에 활을 설치하여 도굴자가 침입했을 때는 즉시 자동발사될 수 있게 만들었다. 비밀유지를 위하여 능으로 통하는 모든 문을 잠그고, 매장에 참여한 사람들도 생매장했으며, 무덤 위에는 나무를 심어 산처럼 보이도록 위장했다. 진시황제를 모셨던 시종과 신하 그리고 호위병과 군마 등 수 만개의 도용(陶俑)을 배치하여 죽어서도 생전에 못지않은 영화를 누리고자 했다.

진시황릉 동쪽 약 1.5km 지점에서 1974년 우물을 파던 농부에 의해 병마용(兵馬俑) 지하 갱이 발견되었다. 모두 4개의 갱으로 그중 1호 갱이 가장 규모가 큰데 그 안에는 실물크기의 많은 도제(陶製) 병마(兵馬)가 잘 정리되어 있었다. 이 병마용들은 진시황제를 가까이에서 호위하는 친위 군단의 성격을 띠고 진시황제의 무덤을 지키는 무사인 것이다.

출토된 병마용은 하나하나가 모두 훌륭한 예술작품으로 수많은 병사들의 표정이 각각 다 다르다. 계급·연령·민족 등의 차이에 따

무사들의 자세와 표정도 각각 다 다르며 전체 도용은 약 6,000여 개로
추정한다. 본래는 컬러로 채색되었으나 발굴 과정에서 햇빛에 노출되자
색이 바래버렸다.

라 용모·복장·두발 모양이 다르게 제작된 표현의 섬세함이 놀라울
정도다. 보병·기마병·전차병 등 무사들의 자세와 표정도 다 다르다
고 하며 전체 도용은 약 6,000여 개로 추정한다. 만들어질 당시에
는 컬러로 채색된 도용이었으나 발굴 과정에서 햇빛에 노출되자 모
두 색이 바래버렸다.

2. 학문은 장성 만한 곳이 없다

- 長安萬目 不如長城一目, 文不如長城

　호남고속도로를 타고 내려가다 보면 내장산 국립공원이 있는 전북 정읍을 지나 맨 처음 접하는 전라남도 땅이 장성이다. 장성은 전남의 최북단이면서 광주광역시와 접해있다. 예부터 산세가 수려하여 인물이 많이 났다. 동국 18현(東國十八賢)으로 호남인으로는 유일하게 문묘에 배향된 호남의 유종(儒宗) 하서 김인후 선생, '장안만목 불여장성일목(長安萬目 不如長城一目)'의 주인공 노사 기정진 선생, 스승 이황과 8년 동안 사단칠정(四端七情)을 주제로 논란을 편 고봉 기대승 선생을 낳은 학문의 고장이다. 흥선대원군도 호남의 팔불여(八不如)를 얘기하며 "학문은 장성 만한 곳이 없다(文不如長城)"고 했다.

　한성부 판윤·판서·의정부 좌참찬·우참찬 등 39년의 공직생활

박수량의 비문 없는 백비(白碑).

동안 정2품의 벼슬에까지 올랐지만, 상여 멜 돈마저 남기지 않았던 백비(白碑)의 주인공 박수량도 장성이 자랑하는 청백리(淸白吏)이다. 두 번씩이나 청백리로 뽑힌 박수량은 "시호도 주청 하지 말고 비석 도 남기지 말라"는 유언을 남긴다. 명종도 서해바다 암석을 하사하 면서 박수량의 뜻을 존중하여 "비문 없이 그대로 세우라"라고 명한 다. 황희, 맹사성과 함께 조선 청백리의 표본이 되고 있는 박수량의 백비는, 단 한 자의 글자도 새기지 않은 초라한 모습으로 서 있지만 오늘 우리에게 진한 감동으로 다가온다.

장성이 낳은 대유학자 노사(蘆沙) 기정진(奇正鎭.1798~1879) 선생은 조 선 후기의 학자로, 7~8세에 경서와 사기를 통달한 천재였다고 하며 조선조 성리학의 6대가로 불린다. 조선 중기 퇴계 이황과의 사칠논변(四七論辨)으로 유명한 고봉(高峯) 기대승(奇大升.1527~1572)의 후손으로 본관은 행주(幸州), 자는 대중(大中), 호는 노사(蘆沙)이다.

행주 기씨는 경기도 고양에 있는 행주가 본향으로, 하나의 본을 이어오며 청백리와 대학자·의병장·항일투사 등 많은 인물을 배출한 명문가이다. 조선 중기 기묘사화 때 화를 피해 전국으로 흩어지면서 광주·장성지역에 많이 모여 살게 되었다.

이 지역에서는 행주 기씨를 양반 중의 양반으로 치며, 이곳 행주 기씨들의 자부심 또한 대단하다. 이는 벼슬이나 재물이 아닌 고봉 기대승과 노사 기정진의 높은 학식과 언행의 훌륭함에 바탕한 것이다.

노사는 전북 순창에서 태어났지만 젊은 시절 아버지의 고향인 장성으로 이사와 장성에서 성장했다. 노사 기정진 선생은 다음과 같은 출생 설화를 가지고 있다.

노사의 조부께서는 훌륭한 자손을 얻기 위해 '황앵탁목혈(黃鶯啄木穴: 노란 꾀꼬리가 나무를 쪼아대는 형국의 혈)'이라는 명당을 찾아 노사의 할머니 묘를 썼다고 한다. 그런데 이 묘는 괴이하게도 한쪽 눈이 없는 아이가 태어나야 명당 발복이 제대로 된다는 것이다. 그래서 그의 조부께서는 며느리들이 출산할 때 가장 먼저 묻는 것이 "두 눈이 다 있더냐?"였다. 그리고 두 눈이 멀쩡한 아이가 태어났다고 하면 낙담하곤 했다고 한다.

노사는 출생 시에 두 눈이 멀쩡하였다. 태어난 지 몇 년이 지난 어느 날, 어린 노사는 대나무로 만든 장난감 활을 가지고 동네 아이들과 전쟁놀이를 하다가 다른 아이가 쏜 화살에 눈을 크게 다쳤다. 손자가 실명했다는 소식을 듣고 가족들은 모두 가슴 아파했으나 조부께서는 오히려 기뻐하였다. "이제야 비로소 명당 발복이 시작되는구나" 하고 믿었기 때문이다. 또한 이때쯤 할머니가 묻힌 무덤 뒤의 커다란 바위가 노란색으로 변했다고 한다.

호남 팔대 명당으로 꼽는 그 명당의 발복으로 기정진 선생 같은 대유학자가 나올 수 있었다고 한다. 순창군 복흥면 대방리 용지 마

황앵탁목혈(黃鶯啄木穴: 노란 꾀꼬리가 나무를 쪼아대는 형국의 혈): 노사 기정진 선생의 할머니 묘소로 한쪽 눈이 없는 아이가 태어나야 발복이 된다고 했다.

을에서 장성 쪽으로 넘어가는 고개 바로 옆에 있는 묘소다.

노사 기정진 선생은 다음과 같은 일화로 더욱 유명하다.

조선에 인물이 있는지를 시험하기 위해 청나라에서 온 사신은 다음과 같은 시제(試題)를 조정에 보내 그 뜻을 물었다. 중국이 조선 조정의 능력을 시험하기 위한 방법인 것이다.

'龍短虎長 五更樓下夕陽紅'(용단호장 오경루하석양홍)

직역을 하면 '용은 짧고 호랑이는 길다. 오경루 아래 석양은 붉다.'라는 뜻이다.

직역된 뜻만 가지고는 도무지 무슨 뜻인지 알 수가 없다. 조선 조정에서는 이에 대한 답을 찾지 못해 애를 태우다가 장성에 있는 노사에게 묻기로 했다. 선생은 글을 읽고 다음과 같은 답을 써 보냈다.

'東海有魚 無頭無尾無脊, 畵圓書方'(동해유어 무두무미무척 화원서방)

'九月山中 春草綠'(구월산중 춘초록)

'동해 바다에 고기가 있는데 머리도 없고 꼬리도 없고 등골도 없네. 그림으로 그리면 둥글고, 글씨로 쓰면 각이 지네.' '구월산 중에 봄풀이 푸르네.'

(오경루나 구월산은 중국에 있는 '루'나 '산'의 고유명사로 직역되지만 두 문장은 모두 해를 염두에 두고 쓴 글이다)

우선 용단호장(龍短虎長)의 의미는 다음과 같다. 아침에 해가 떠오를 때 여름철과 겨울철은 그 떠오르는 방위가 조금씩 다르다. 겨울에는 용으로 상징되는 진방(辰方: 동에서 약간 남으로 치우친 쪽)에서 떠올라 낮의 길이가 짧고, 여름에는 호랑이로 상징되는 인방(寅方: 동에서 약간 북으로 치우친 쪽)에서 떠올라 하루해가 길다. 그리고 화원서방(畫圓書方)은 해(日)를 그림으로 표현하면 둥근 모습이고, 글로 써서 나타내면 '日'자로 모가 나니 즉 해를 말함이다.

선생은 이것을 '魚'자에서 머리와 꼬리를 뺀 '田'자를 가리킨 다음, 내리긋는 획 'ㅣ'을 다시 없애면 '日'자가 됨을 말한 것이다.

또 '오경루 아래 석양빛이 붉다' 즉 지는 해의 대구로 '생동하는 봄'을 인용, 뜨는 해로 표현하여 '구월산 중의 봄풀이 푸르다'라고 하였다.

이와 같이 노사는 시제의 답을 명쾌하게 풀어내어 나라의 체면을 살리고 조정의 걱정을 해결했다. 그러자 중국 사신도 동방에 이런 큰 학자가 있었느냐며 감탄하였고, 고종황제께서는 "한양에 많은 선비가 있어도 장성에 사는 외눈박이 노사 선생만 못하다(長安萬目 不如長城一目)"고 했다는 유명한 일화를 남길 정도로 주역에 통달하였다.

기정진 선생이 정사(精舍)를 지어 담대헌이라 하고 학문을 강론하던 곳.
후손들이 중건하여 고산서원이라는 편액을 걸었다.

　　고려 출신 공녀(貢女)로 원나라에 보내졌다가 원나라 마지막 황제
인 혜종(惠宗)의 황후로 천하를 호령했던 기황후가 행주 기씨이고,
스포츠계에서 이름을 떨치던 기성용·기보배가 행주 기씨이다.

3. 도장(倒葬)의 사례

- 율곡 이이 · 사계 김장생 · 월사 이정구 선생 묘소

묘지 풍수에서 우리가 흔히 얘기하는 역장(逆葬)이란 조상의 묘 위쪽에 후손의 묘를 쓰는 것을 말한다. 그러나 정확히 얘기하면 역장이란 용맥(龍脈)을 거슬러 현무 또는 주산(묘 뒤에 우뚝 솟은 산을 현무, 주산이라 한다)을 향하고 묘를 쓰는 것을 말한다. 조상 묘 위쪽에 후손의 묘를 쓰는 것은 역장이 아니라 도장(倒葬)이라고 해야 옳은 표현인 것이다.

원래 우리의 산소 쓰는 풍습은 유교사상에 의해 윗대가 산의 위쪽에, 아랫대가 산의 아래쪽에 오도록 하는 것이 통례이다. 다만 퉁소혈에서는 예외적으로 도장을 할 수 있다고 한다. 퉁소는 엄지손가락으로 밑의 구멍을 막고 나머지 손가락으로 그 위를 막아 소리를

내는 기다란 목관악기인 까닭에, 그 자리가 퉁소혈 임이 판명되면 도장을 한다. 자연의 이치를 따르는 풍수지리의 재미있는 모습이다.

도장을 금기시(禁忌視)했던 풍습은 풍수지리적으로 지기(地氣)가 흘러오는 용맥을 보호하고, 전통 유교사상의 장유유서(長幼有序)라는 도덕적 질서를 강조하다 보니 생긴 것이 아닌가 짐작된다. 조상의 묘 위쪽에 후손의 묘를 쓰면 안 된다는 이야기는 풍수고전 어디에도 없다.

지기의 손상을 초래하는 내룡(來龍 : 지기가 흘러오는 산줄기)의 훼손은 풍수지리에서 절대 금기사항으로, 이 때문에 조선시대에는 수많은 송사가 있었다.

집안마다 자신들의 조상 묘 줄기를 건드리는 사안에 대해서는 그냥 넘어갈 수 없었던 것이다. 조선시대 송사의 80% 정도는 산송(山訟)이었다 하니 가히 그 실상을 짐작할 수 있을 것 같다.

조선왕실에서도 한양의 지기를 보전하기 위해 도성주변 일정범위 안에 있는 산에는 벌채(伐採)나 벌석(伐石)은 물론 입산을 금지하기도 하고, 보토(補土)를 하여 지맥을 보전하려 했던 기록들이 왕조실록 여러 군데에서 언급된다.

이점에 있어서는 중국 사람들도 마찬가지이다. 영국이 중국 침탈 과정에서 중국인을 조롱하기를 "이 민족은 도저히 이해할 수 없는 민족이다. 나라가 망해도 가만히 보고만 있던 자들이, 자기들에게 편리한 도로건설을 위해 조상 산소 밑자락을 조금 깎아내는 일에도 목숨을 걸고 대항한다"라고 비웃는다.

이렇듯 풍수지리를 신봉했던 동양 문화권에서는 조상의 산소나 집터에서 지기가 흐르는 용맥을 훼손하는 일은 절대로 용납될 수 없는 금기사항으로 여겼다.

도장의 사례는 여러 군데에서 목격되는데 조선 중기의 대학자이며 경세가인 이율곡 선생 묘소와 우리나라의 대표적인 삼한갑족 '광산 김씨' 가문의 사계 선생 묘소가 도장의 묘소이다. 이율곡 선생의 묘는 그의 부모 묘 위쪽에 있고, 해동 18현 중 한 분으로 조선시대 예학의 대가였던 사계 김장생 선생의 묘 역시 그의 7대 조모 위편에 자리하고 있다.

또 '광산 김씨' 못지않은 양반 가문으로 소위 '연리광김(延李光金)'이라는 얘기를 낳은 '연안 이씨'가 있다. 광산 김씨와 연안 이씨가 서로 조선 제일의 양반가문이라 다투면서 나온 얘기가 '연리광김'이다.

'연안 이씨' 가문의 3대 대제학을 지낸 월사 이정구 선생의 묘소와, 동래 정씨 발복의 근원으로 치는 정란종의 묘소도 도장이다. 이정구 선생의 묘소 뒤쪽으로는 대제학을 지낸 그의 아들과 손자 묘가 있고, 정란종 묘소 뒤에도 그 아들들의 묘가 있다.

월사 이정구 선생 묘소. 뒤쪽으로 대제학을 지낸 그의 손자와 아들의 묘가 있다.

　원래 도장은 역적이 나오면 살아있는 자는 모두 죽이고, 그 조상들의 산소는 파내어 윗대가 아래로, 아랫대가 산 위쪽으로 가게 자리를 인위적으로 바꾸었다. 그리하여 땅의 정기가 순리를 잃게 하는 것이다. 이런 연유에서부터 자연스럽게 도장을 금기시하는 풍습이 생긴 것 같기도 하다.

　그러나 대대로 문벌(門閥)이 높은 양반 가문에서도 도장을 한 사례들을 보면, 풍수적으로 좋은 자리는 결코 그냥 놓아 둘 수 없었던 모양이다.

신사임당 묘소. 뒤쪽에 큰 아들의 묘가 있고 맨 뒤에는 작은 아들인 율곡 선생의 묘가 자리하고 있다.

아래에 조상이 먼저 자리했다 하여 위쪽에 있는 좋은 자리를 비워두는 것은 쓰는 것만 못한 조치이다. 할아버지가 손자를 무등 태우는 격이니 굳이 나쁘다 할 수도 없는 것 아닌가?

고서에도 생도주(生倒住)는 안 해도 사도장(死倒葬)은 한다고 했다. 살아서는 후손이 윗집에 살면 안 되지만, 죽어서는 후손이 선조의 윗자리에 묘를 써도 무방하다는 것이다.

파주에 가면 율곡 이이 선생의 묘소와 선생의 위패(位牌)를 모시는 자운서원이 있다. 파주는 율곡 선생의 고향으로 그의 호 율곡(栗谷)은 고향마을 율곡리에서 비롯된 것이다.

선생은 일찍이 임진왜란을 예측하고 10만 양병(養兵)을 주장했다.

"나라가 오랫동안 태평하다 보니 군대와 식량이 모두 준비되어 있지 않아 오랑캐가 변경을 소란하게만 하여도 온 나라가 술렁입니다. 지금대로라면 큰 적이 침범해 왔을 때 어떤 지혜로도 당해 낼 수 없을 것입니다." 그는 이렇게 말하면서 국가는 항상 전쟁 준비를 갖춰 두어야 한다고 주장하였지만 받아들여지지 않았다.

또 선생은 성리학의 이기론에서 만물의 본질적 존재인 이(理)와 만물의 현상적 존재인 기(氣)가 분리되어 따로 존재하는 별개의 것이 아니라 하나로 연결되어있다고 보았다. 즉 윤리와 경제, 이상과 현실, 정신과 물질은 조화되어야 하고 두 가치 모두 중요하다고 하는 이기일원론을 주장하였다.

노년에 낙향하여 후학을 가르치며 한가로운 시간을 보낼 때는 고향마을에 있는 임진강 나루터의 정자(花石亭 : 과거에는 火石亭, 파주군 파평면 율곡리 소재)를 자주 찾았는데, 사람을 시켜 수시로 정자에 기름칠을 하게 했다는 것이다.

선생이 죽고 8년 후 임진왜란이 일어났으며 선조는 몇 명의 신하와 의주로 몽진 길에 오른다. 임진강에 도착하자 비는 장대같이 쏟아지고 밤은 칠 흙 같은데 강 건널 길이 막막하다. 수소문 끝에 사

파주군 파평면 율곡리의 화석정. 임진왜란 때 몽진 길에 오른 선조 일행은
이 정자에 방화하여 어둠을 뚫고 임진강을 건넜다.

공은 찾았으나 어두워 도강할 방법이 없단다.

이때 동행하던 도승지 백사 이항복이 언덕 위의 정자 현판이 화
석정(火石亭)임을 알아보고 정자에 방화하니 임진강이 낮처럼 밝아졌
고, 이때를 이용하여 선조 일행은 임진강을 건널 수 있었다고 하는
설화가 전해진다.

이렇듯 앞일을 내다본 율곡 선생의 선견지명에 새삼 감탄하지 않
을 수 없다.

4. 노블레스 오블리주를 실천한 참 부자의 모습

- 경주 최부자집 가훈

9대 진사, 12대 만석지기의 철학이 있는 경주 최부자집 후손들은 "재물은 똥거름과 같아서 한곳에 모아두면 악취가 나고 골고루 흩뿌리면 거름이 되는 법이다" 라는 선대의 가르침을 바탕으로 가훈을 가슴에 새겨 베푸는 삶을 실천했다.

최부자집 사람들의 실천 의지는 중용(中庸)과 의로움이다. "치우치지 말고 성급하지 말고 욕심내지 않는다. 어느 것이든 완벽한 가치는 없으며 좌우에 치우침이 없이 의롭게 산다"가 전해오는 가르침이다.

이런 중용의 덕을 잊지 않기 위해 마지막 최부자 최준(1884~1970)의 증조부 최세린의 호는 대우(大愚 : 크게 어리석음)이었으며 부친 최현

식의 호는 둔차(鈍次: 재주가 둔해 으뜸가지 못함)이었다.

스스로를 어리석은 사람으로 낮추고 나 보다는 남을 먼저 배려하는 아름다운 모습이다. 엘리트 지상주의와 물질 만능에 눈이 멀어 끝없는 욕심으로 경쟁에 내몰리는, 오늘을 사는 우리에게 많은 가르침을 주고 있지 않은가?

근래 중소 영세상인들의 영역으로 분류되던 골목상권까지 진출하는 대기업의 영역 확장에 대해 우려하는 목소리가 크다. 자동차·반도체·바이오산업 등 대규모 설비투자가 필요한 분야에서 글로벌 경쟁력을 키워 나가야 하는 것이 대기업 본연의 역할이다. 그런데 소상공인, 서민의 생활터전까지 침범하는 대기업의 행태는 국가 전체의 성장 동력에도 도움이 되지 않을 뿐 아니라 우리 사회의 고질병인 양극화만 심화시킬 수 있다.

이러한 재벌과 대기업의 무차별적인 영역 확대는 과도한 양극화를 초래하고, 자본주의 시장경제 자체를 붕괴시켜 결국에는 대기업과 중소기업, 소상공인이 함께 공멸할 수 있다. 이러한 극단적인 우려가 나오는 시점에서 한국판 노블레스 오블리주의 전형이라 할 수 있는 최부자집의 가훈을 옮겨본다.

♣ 과거를 보되 진사(進士) 이상 벼슬을 하지 마라.
♣ 만석 이상의 재산은 사회에 환원하라.

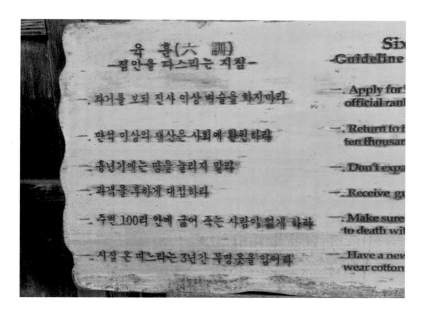
최부자집의 가훈. 오늘의 부자들이 되새겨 보아야 할 덕목들이다.

♣ 흉년에는 땅을 늘리지 마라.
♣ 과객을 후하게 대접하라.
♣ 주변 백리 안에 굶어 죽는 사람이 없게 하라.
♣ 시집 온 며느리는 3년간 무명옷을 입어라.

영남 제일의 부자 최부자댁이 400여 년 동안, 12대에 걸쳐 부를 이어 올 수 있었던 것은 나름 이러한 가치관이 있었기 때문에 가능했을 것이라 생각한다. 세계적으로도 300년, 400년 넘게 부를 유

경주 최부자집 안채. 원효대사를 파계시켜 설총을 낳은 요석공주가 살던 요석궁 터라고 한다.

지해 온 가문은 유례가 드물다.

양반 자격만 갖출 수 있는 진사 정도의 소박한 벼슬, 부와 권력을 동시에 누려서는 안 된다는 철학, 소작료를 조절하고 주변의 어려운 사람들을 위해 재산을 환원하는 나눔의 미덕, 대를 이어가며 검약을 강조하는 가훈은 오늘의 부자들에게 시사하는 바가 크다.

100리 안에 굶는 사람이 없게 했다는 후덕한 인심은 임진왜란이나 한국전쟁 같은 격변기에도 최부자집을 지켜 낼 수 있었던 비결이 아니었을까 생각된다.

마지막 최부자 최준의 독립자금 지원이나 해방 후 전 재산을 인재양성을 위해 대구대학교(지금 영남대학교의 전신)에 기증하는 모습에서는 바람직한 참부자의 모습을 보는 것 같아 가슴 뭉클해진다.

최부자집의 후손들은 지금 14대·15대·16대 종손이 서울로 올라와 살고 있으며 16대 종손이 사법고시를 패스하여 판사로 재직 중이라 하니, "진사 이상의 벼슬은 하지 말라"는 가훈은 이제 시효가 소멸(?)된 듯하다.

또 14대 종손은 서울에서 사업을 하다 지금은 은퇴한 고령인데도 서민들의 교통수단인 BMW(bus·metro·walk)를 타고 있다니 과시 뼈대 있는 최부자집 후손답다.

최부자집은 원래 경주시 내남면 이조리에 있었으나 약 200여 년 전에 현재의 자리로 이사해 왔다. 지금의 터는 신라 제4대 탈해왕이 기지를 발휘하여 땅을 빼앗고, 그 땅에 집을 짓고 거처하니 왕위에 오르게 되었다는 전설이 있는 반월성 서쪽 끝자락과 맞닿아 있다.

탈해왕이 젊은 시절 토함산에 올라 지세를 살펴보니 남산 북쪽에 있는 반월(半月)모양의 땅이 으뜸이라, 땅 주인을 알아보니 귀화왜인(歸化倭人) 호공의 땅이었다. 탈해는 그 땅을 차지할 욕심으로 호공의 집 후원에 몰래 숨어 들어가 낫·칼·숯과 대장간에서 쓰는 용품들을 묻어놓고 나온다.

그리고 얼마 후 관가에 고발하였다. 원래 이 땅은 대장간을 하던 자기 조상의 땅이었는데 외지에 나가 있는 동안 호공이 불법으로 점거해 살고 있으니 되돌려 달라는 내용이었다.

관가에서 증거 제시를 요구하자 호공의 집 후원을 파 보면 알게 될 것이라 했다. 후원을 파보니 과연 칼과 숯, 대장간에서 쓰는 기구와 물건들이 다수 출토되어 이 땅을 차지하게 되었다는 설화가 전해온다.

또 최부자집의 터는 신라의 고승 원효대사를 파계시켜 설총을 낳은 요석공주가 거처했던 요석궁 터라고도 하니, 터의 이력으로 볼 때 분명 범상치 않은 자리 같으나 형세적으로 비치는 풍수는 그렇게 만족스럽지 못하다.

멀리 토함산과 낭산을 거쳐 최부자집 뒤편으로 맥이 이어지는 것으로 얘기하나 도무지 희미하여 찾아보기 어렵다. 맥이 희미하여 내맥(來脈)이 보이지 않으니 뒤가 허(虛)한 형국인데, 집 뒤에 나무를 심어 숲을 조성하고 안정을 찾았다.

집 뒤로 돌아가 보면 200년 이상 된 소나무와 잡목이 군락을 이루고 있다. 뒤쪽이 허한 풍수상의 허결을 보완하기 위해 이곳으로 터전을 옮긴 8대 부자 용암 최언경이 조성했다는 비보수(裨補樹)이다.

대릉원. 신라시대의 왕·왕비 등의 무덤 23기가 모여 있다. 신라의 고분들은
대개 평지에 자리 잡고 있다.

　사람의 욕심이란 끝이 없는 것이며 누구나 재력이 생기면 권력에
도 눈을 돌리기 십상이다. 그런데도 오랜 세월 대대로 인간이 지닌
보편적인 욕망을 잘 다스려오며, 따뜻한 마음으로 어려운 이웃을
보살폈던 최부자집의 숭고한 정신은 오늘의 부자들이 가져야 할 첫
번째 덕목이 아닐까 생각된다.

　천년고도 경주는 시내 곳곳에 왕릉이 널려 있고 불국사·석굴
암·안압지·첨성대 등 볼만한 문화유적이 즐비하며, 어디를 가도 잘

정비되어 있는 유네스코 세계 10대 유적지로 선정된 도시이다. 최근 한옥카페·사진관 등으로 SNS를 통해 유명해진 황리단길도 한번쯤 들러볼 만한 명소이다.

5. 홍콩의 풍수는 죽었다

- 가상에 집착하는 홍콩 풍수

    풍수학자로서 늘 풍수의 본향이라 할 수 있는 중국 풍수에 대한 호기심과 궁금증 같은 갈증이 있다. 그래서 학기가 끝나고 나면 가끔씩 중국 풍수 답사를 떠난다. 그동안 사천성(四川省)의 성도, 낭중을 비롯하여 허난성(河南省)의 정주, 낙양과 산시성(陝西省)의 서안, 광둥성(廣東省) 심천 등 여러 곳을 가보았다.

    중국은 56개나 되는 소수민족이 공존하는 나라이며 23개의 성(省) 중 성 하나의 인구가 1억 명이 넘기도 하는 방대한 인구와 국토를 가진 나라이다. 그러다 보니 가는 곳마다 풍수를 활용하는 방식도 약간씩 차이가 있다. 실로 중국은 지구 5분의 1의 인류가 모여 사는 또 하나의 세계인 셈이다.

얼마 전 중국 내에서도 풍수가 활성화되어 있다는 홍콩과 마카오의 풍수를 살펴보고 왔다. 홍콩은 아시아·태평양 지역에서 구미 대륙의 해양을 연결하는 해운·항공·교통의 중심지이자 자유 무역항이다. 특히 상업·무역·금융이 발달한 관광과 쇼핑의 천국이다. 요즈음은 해외 직구를 비롯, 쇼핑의 수단이 다양해졌지만 불과 30여 년 전만 해도 홍콩 쇼핑관광은 멋쟁이 여인네들의 로망이었다.

홍콩은 1841년 아편전쟁으로 영국의 식민지가 된 후 1997년 7월 주권을 회복하고, 중국 내 특별행정구로 지정되어 사회주의 국가인 중국에서 1국 2체제를 취하고 있다. 자본주의 사회·경제 제도와 생활방식을 유지하고 있는 특별한 형태다. 오는 2047년까지 50년간 홍콩 특별행정구에 외교와 국방을 제외한 자치권이 부여되어 있다.

그러나 시진핑 국가주석 취임 이후 중국의 정치적 간섭은 갈수록 노골화되고 이에 홍콩 시민들이 크게 반발하고 있다. 특히 2019년 범죄인 인도법^(송환법) 제정 시도를 계기로 민주화 운동이 전개되며, 홍콩 행정장관 직선제 시행 등을 강력히 요구하고 있다. 중국의 내정간섭으로 홍콩의 자유와 민주체제가 위협받는 것에 대한 불만이 송환법 제정 시도를 계기로 폭발한 것이다.

홍콩은 석산과 암석으로 이루어진 크고 작은 섬들이 많아 토지자원이 절대 부족하다. 활용할 수 있는 땅이 부족하다 보니 홍콩 섬 주위의 바다를 메워 육지를 만들기도 했다. 홍콩 전체 면적의 7%에 불과한 홍콩 섬은 홍콩의 핵심으로 상업과 무역의 중심인데 인구밀도가 대단히 높다. 토지가 부족하여 땅값이 엄청 비싸고 자연히 아파트들도 작은 평수에 고층으로 빽빽이 지어졌다. 성냥갑 같은 서민 아파트들이 곳곳에 하늘 높이 솟아있는 것을 볼 수 있다.

땅이 귀해 개발이 가능한 땅은 한 치도 놀리지 않는 것 같았다. 홍콩 섬의 중심인 빅토리아 항만엔 빅토리아 피크라 불리는 산 정상까지, 활용 가능한 땅은 빼곡히 건축물이 들어서 있다. 대부분 배산임수(背山臨水)나 전저후고(前低後高)를 빼고는 풍수적으로 설명이 불가능한 입지선정인 것이다.

홍콩 섬은 어디나 경제적 재화로서의 가치가 큰 땅이다 보니, 풍수적 길흉이나 호불호와 관계없이 활용 가능한 토지는 모두 사용하고 있었다. 홍콩을 배산임수의 길지로 평가하기도 하지만, 도시가 팽창하면서 나중에 지어진 건물들은 전통적인 방식의 풍수적 요건은 미처 고려의 대상이 아닌 듯싶었다. 다만 지나치리만큼 소위 도시 풍수라 할 수 있는 가상(家相)이나 비보(裨補)에 치중하고 있었다.

이는 대부분의 주민이 풍수적 개념이 투철한 중국인들이다 보니 이렇게라도 풍수가 맥을 잇고 있는 것으로 짐작된다.

홍콩의 심장부라 할 수 있는 홍콩 센트럴의 중국은행과 홍콩 상하이뱅크(HSBC)의 풍수 전쟁은 유명한 이야기이다. 1985년 47층으

중국은행과 홍콩 상하이뱅크 건물의 모습. 왼쪽 삼각뿔 모양의 건물이
중국은행, 오른쪽 대포가 설치된 건물이 홍콩 상하이뱅크.

로 지어진 HSBC 건물은 세계적인 건축가 영국의 노먼 포스터가 설
계한 홍콩의 랜드마크이다. 준공 당시 단일 건축물로는 세계에서
가장 비싼 건물이었다.

그런데 1990년 바로 옆에 중국은행이 지상 72층으로 당시 아시아
최고층 빌딩을 짓는다. 루브르 박물관의 유리 피라미드를 설계한 건
축가의 작품으로, 건물의 모양이 대나무가 자라는 형상을 묘사한 것
이라 한다. 하지만 풍수사들은 이 건물의 모양을 칼의 형상으로 보
았고 칼날의 방향이 HSBC 빌딩을 향하고 있었다. 이에 심기가 불편

건물의 가운데가 뻥 뚫린 홍콩 유명 연예인들이 많이 거주하는 리펄스베이 맨션. 바다에 사는 용이 산과 바다를 자유롭게 오갈 수 있도록 통로를 만든 것이다.

해진 HSBC 측은 칼의 기운에 대응하기 위해, 건물 꼭대기에 중국은행 쪽을 향하여 대포 형상의 크레인을 설치해 비보했다.

또 두 건물 사이에 들어선 홍콩의 최대 갑부 리카싱의 청쿵그룹 빌딩은 칼의 살기를 막기 위해 외벽을 거미줄 모양으로 꾸몄다. 주변의 다른 건물들도 옥상에 반사 유리를 설치해 중국은행 건물의 살기를 막아내고 있다고 한다. 실로 풍수 전쟁인 셈이다.

의지할 곳이 전혀 없는 산비탈에 조성된 홍콩의 공원묘지.

홍콩은 세계 건축박물관이라 불릴 정도로 유명 건축가들이 설계한 독특한 모양의 건물들이 저마다의 스토리를 갖고 랜드마크 경쟁을 벌이고 있다. 작금의 홍콩 풍수는 전통 풍수의 본질에서 벗어나 택일이나 숫자, 가상에 매달리고 있었다.

홍콩에서의 음택풍수는 쇠퇴해 이제 그 흔적을 찾아보기 힘들었다. 대부분이 화장을 해 시립 납골 묘지나 사찰로 모시는데 더러 매장을 하기도 한다. 그러나 매장 묘도 7년이 지나면 자리를 비워줘야 한다니…

마카오의 특이한 건축물들. 건축물의 모양에 주술적인 의미를 부여하고 있었다.

국세는 물론 장풍이 전혀 안 되는 산비탈에 조성된 공원 묘원을 보면서 음택 풍수는 개념조차 사라져 버렸구나 하는 생각이 들었다. 용맥을 살피고 청백과 조안을 갖춘, 대개의 경우 국세가 잘 짜인 곳에 자리를 잡는 우리나라 공원 묘원들과는 판이하게 다른 상황이었다.

이처럼 홍콩의 풍수가 겨우 가상이나 비보풍수로 명맥을 유지하고 있는 것은 155년이나 지속된 영국 식민통치의 영향도 크게 작용했으리라 본다. 경제성이나 합리성만을 추구하는 영국인들의 시각으로 도시를 설계하고 개발했을 터이니 풍수는 설자리가 없었을 것이다.

마카오도 특이한 모양의 건물들을 짓고 여러 가지로 주술적인 의미를 부여하는 것은 홍콩이나 크게 다르지 않았다. 지나치게 가상에 집착한다는 생각을 끝내 지울 수가 없었다.

6. 문재인 전 대통령의 생가,
지금 우리가 알고 있는 곳이 아니다

    문재인 전 대통령은 남평 문씨 33세손으로 1953년 1월 거제시 거제면 명진리 남정마을에서 아버지 문용형과 어머니 강한옥 사이의 2남 3녀 중 장남으로 태어났다. 부친께서는 함경남도 흥남 출신으로 일제강점기 함흥 시청에서 농업 계장으로 근무하다, 전쟁이 발발하자 1950년 12월 흥남철수작전 당시 미군의 LST(상륙함)에 몸을 싣고 피난해 내려와 거제에 자리 잡았다.

    2017년 6월 미국을 방문한 문 대통령은 첫 일정으로 '장진호 전투 기념비'를 방문해 헌화하고 당시의 상황에 대해 깊은 감사를 표했다. "67년 전 미 해병들은 알지도 못하는 나라, 만난 적도 없는 사람들을 위해 숭고한 희생을 치렀다. 장진호 용사들이 없었다면, 흥

생가마을 앞바다의 아름다운 모습. 수구가 열린 것처럼 보이지만 길격이다.

남철수작전의 성공이 없었다면, 제 삶은 시작되지 못했을 것이고 오늘의 저도 없었을 것이다. 제 가족사·개인사를 넘어 급박한 순간에 군인만 철수하지 않고 많은 피란민을 북한에서 탈출시켜 준 미군의 인류애에 깊은 감동을 느낀다. 피란민 중에 제 부모님도 계셨다"라고 했다.

영화 '국제시장'을 통해 알려진 것처럼 흥남철수작전 때 미군이 마련해 준 피란선을 타고 많은 전쟁난민들이 남으로 내려왔던 것이다.

거제는 주산인 계룡산(566m)을 사이에 두고 좌우측 고을에서 김영삼, 문재인 두 분의 대통령을 배출한 고장이다. 문 대통령의 생가가 있는 명진리는 계룡산에서 발원한 맥이 선자산(507m)으로 내려와 삼면을 포근히 감싸고 있는 안온한 터이다. 신라시대부터 고려 때까지 거제도의 치소지인 명진현이 있었던 유서 깊은 마을로 많은 인재가 배출된 명당이다.

문 대통령의 생가마을은 주산을 비롯한 주위의 산들이 모두 육산(肉山)으로, 어느 곳 하나 모난 데가 없는 후덕하고 넉넉해 보이는 모습이다. 토성과 금성이 주를 이루는 산세로 부드럽고 원만한 성정을 지녔다. 매사에 합리적이고 이성적인 문 대통령의 성품과도 닮았

마을 위쪽에 자리한 수령 600여 년의 풍성한 느티나무는 이 터의 기운을 대변하고 있다.

다고나 할까. 마을 위쪽에 자리한 수령 600여 년의 풍성한 느티나무가 이 터의 기운을 대변하고 있다.

인간은 본질에 있어서 자연의 일부라 할 수 있다. 자연 속에서 자연과 더불어 살아가며 자연의 영향에서 벗어날 수 없다. 주위 자연의 심신성정(心身性情)을 온전히 닮아간다. 그래서 산의 모습은 그곳에 살고 있는 인간들의 또 다른 모습이기도 하다. 어떤 사람이 나고 자란 고향마을 자연의 형상은 그 사람의 인성에 지대한 영향을 미치는 것이다.

문 대통령의 생가로 알려진 명진리 694-1번지는 진정한 의미의 생가라 할 수 없다. 생가는 바로 옆에 따로 있었다.

문 대통령 부친은 거제로 피란 내려와 어렵던 시절, 한동안 남의 집 고용살이를 했다. 고용살이 시절 주인집 행랑채에서 기거했다고 한다. 문 대통령은 그곳에서 잉태되었다. 그런데 문 대통령 출산 달에 주인집에서도 출산이 예정되어 있었다. 옛날 풍속에는 한집에서 같은 달에 출산을 함께하면 한 아이에게 재앙이 닥친다 하여 금기(禁忌)시 했다. 그래서 문 대통령 모친은 해산을 하러 잠시 이웃집 작은 방을 빌려 나왔던 것이다. 그 집이 지금의 생가라고 하는 집이다. 출산 후 당초에 기거했던 주인집 행랑채로 다시 돌아간 것은 물론이다.

생가로 알려진 집은 사실 지금의 산부인과에 해당하는 셈이다.

문 대통령의 진짜 생가는 지금의 생가에서 150m쯤 떨어진 주인 집 행랑채이다. 그곳에서 잉태되고 그 집에서 자랐다. 잉태되었고 어린 시절을 보낸 그 집이 생가인 것이다. 필자도 두 아이를 대학병원 산부인과에서 낳았다. 그러나 그곳이 우리 아이들의 생가라 할 수는 없지 않은가.

문 대통령이 잉태되고 7살까지 자랐다는 주인집 행랑채는 명진리를 감싸는 백호자락의 기운이 내려와 멈춘 안온한 터이다. 현재 생가라 하는 집과는 지근거리에 있지만 기운은 확연히 다르다. 현재

사진 중앙의 빨간 지붕이 문 대통령이 잉태되고 7살까지 살았던 집이다.
현재 생가로 알려진 집은 사진 좌측 끝부분에 위치한다.

생가라 하는 곳은 집 뒤로 길이 나있고, 지기가 타고 내려온 산줄기를 바라보고 향을 잡았다. 집 뒤로 나있는 길은 상여길이라 하여 풍수에서는 좋지 않은 형상으로 친다. 배산임수를 거스르는 좌향도 불안정한 형국으로 자연의 순리에 어긋나 있다.

아이를 만드는 곳은 기운이 온화해야 한다. 부부가 합궁하는 장소와 시간, 주위 환경이 아이의 운명에 지대한 영향을 미친다는 애기이다. 천둥 번개가 치고 바람이 심하게 부는 불순한 일기에는 관계를 삼가야 한다. 그런 날은 대개 심리적으로 불안해지기 쉬우며, 부모의 불안감이 고스란히 아이에게 옮겨질 수 있다. 큰 바위 근처나 귀신을 모시는 신전, 무덤이나 감옥, 예전에 큰 전쟁이나 살육이 벌어졌던 장소도 피해야 한다. 기후와 풍토가 태아에게 영향을 미쳐 훗날 아이의 운명에 영향을 미치기 때문이다. 부모의 마음이 편안할 수 있는, 기운이 온화한 터가 아이 만들기에 적당한 곳이다.

문 대통령 가족이 기거했던 행랑채를 사 들어와, 2016년 11월까지 49년을 그곳에서 살았다는 김능원 할아버지는 이렇게 말한다. 이 집에서 태어난 주인집 아들이 4 형제인데 우체국장, 경제학 박사, 정치망어업 조합장, 쌀 도매상 등 모두 출세했다고 한다. 자기도 그곳에서 두 아들을 낳았는데 두 아들이 다 잘 되었다고 자부심이 대단하다.

7. 정조대왕의 효심이 깃든 수원 화성

- 효란 흉내만 내어도 좋은 것이다

춘천은 호반의 도시, 창원은 대한민국의 환경수도, 안동은 한국 정신문화의 수도, 대전은 과학의 도시 등 도시마다 그 지역이 주창하는 캐치프레이즈가 있다.

수원시의 캐치프레이즈는 '효원(孝園)의 도시, 수원'이다.

조선시대의 대표적인 개혁군주이자 어버이에 대한 효의 표상, 제22대 정조대왕의 꿈과 정신이 오롯이 깃든 도시가 수원이다.

정조는 아버지 사도세자가 당쟁의 제물로 쌀뒤주 속에서 참혹하게 죽은 것을 한시도 잊을 수가 없었다. 11살 어린 나이에 할아버지 영조에게 뒤주에 갇힌 생부를 살려 달라고 간청해야만 했던 정조의

유네스코 세계문화유산 수원화성은 200여 년 전 성곽의 모습을 지금도
그대로 유지하고 있다.

마음이 오죽했으랴.

어이없게 사별한 아버지에 대한 정이 남달랐으며 등극 후에는 아
버지 사도세자를 장헌세자로 추존한다. 아버지의 영혼을 달래기 위
해 경기도 양주 배봉산(拜峰山 : 현 동대문구 전농동)에 있던 묘소를 지금
의 화산(華山 : 경기도 화성시 안녕동)으로 옮기고 본인도 죽은 후에 그 곁
에 묻혔다.

뒤주는 곡식을 담아 보관하는 생활용기이다. 1762년(영조 38) 정조 임금의
아버지 사도세자는 뒤주에 갇혀 비운의 죽음을 맞았다.

수원에는 화성·융릉·건릉·용주사 등 정조대왕의 효심이 담긴
애끓는 사부곡(思父曲)이 많은 이야기와 문화유산으로 남아있다.

수원 화성(華城)은 1789년(정조 13) 정조가 그의 아버지 장헌세자(고
종 때 장조로 추존)의 능을 수원의 화산으로 천장(遷葬)하고, 화산 부근에
있던 읍치소를 수원의 팔달산 아래 지금의 위치로 옮기면서 축성되
었다. 한양 남쪽 100리에 화성이라는 성곽을 축조하여 그에 둘러싸
인 신도시를 건설한 것이다.

사적 제3호로 지정되어 있는 화성은 둘레가 약 5.7km, 성벽 높이 4~6m로 현존하는 조선시대 읍성 중 가장 규모가 크고 아름다운 성곽이다.

전통방식에 정약용 등 실학자들의 과학적 지식과 중국 성곽의 장점을 살려 축성되었으며, 거중기 등과 같은 과학기기의 사용과 재료의 규격화, 화포 공격에 대비한 방어 구조가 특이하다고 한다.

우리나라 성곽 건축사상 가장 독보적인 건축물로 평가받고 있으며 1997년 12월 유네스코 세계 문화유산으로 등록되었다.

등록된 문화재로는 팔달문(보물 제402호)·화서문(보물 제403호)·장안문·공심돈(보물 제1710호) 등이 있으며 모든 건조물이 각기 모양과 디자인이 다른 다양성을 지니고 있다.

축성의 동기가 군사적 목적보다는 정치·경제적 측면과 부모에 대한 효심으로, 성곽 자체가 '효'사상이라는 동양의 철학을 담고 있어 문화적 가치 외에 정신적·철학적 가치를 가지는 문화유산이다.

일제강점기와 한국전쟁을 겪으면서 성곽의 일부가 파손되었으나, 1970년대 말 축성직후 발간된 '화성성역의궤(華城城役儀軌)'에 의거하여 대부분 본래의 모습으로 복원되었다. '화성성역의궤'에는 축성계획·제도·법식뿐 아니라 동원된 인력·재료·예산·시공기계 등이 상세히 기록되어 있어 역사적 가치가 클 뿐 아니라 언제든지 완벽한 복원이 가능하다고 한다.

수원화성 축조에 사용된 거중기. 무거운 물건을 들어 올리는 운반 도구로
다산 정약용이 고안하였다.

북수문(화홍문)을 통해 흐르던 수원천이 지금도 그대로 흐르고 있
고 팔달문과 장안문, 화성행궁과 창룡문을 잇는 도로는 도시 내부
가로망의 주요 골격이다. 도심의 가로망은 현재에도 200여 년 전 성
의 골격을 그대로 유지하고 있다. 과학적이고 합리적이며 실용적인
구조로 되어 있는 동양 성곽의 백미(白眉)로 꼽힌다.

수원시에서는 유네스코가 지정한 세계문화유산 '수원화성'을 올
바로 보존하여 후대에 계승하고, 정조대왕의 지극한 효심과 개혁사
상의 산물인 화성축성의 의미를 기리고자 매년 가을 <수원화성문

화제>를 개최하고 있다.

　　정조는 규장각을 설치하여 인재 육성을 추진하고 지방인재는 물론 정적이나 서얼에게도 기회를 제공하여 능력을 발휘할 수 있도록 한 개혁과 통합의 아이콘이다. 개혁과 대통합을 통해 백성들의 생활이 안정되고 질서가 확립된 복지국가 건설을 꿈꾸었던 것이다.
　　재미있는 것은 제왕의 신분으로 풍수지리학에도 조예가 깊어 조선시대의 대표적인 풍수학자 중 한 사람으로 이름을 올리고 있다. 아버지 사도세자의 능을 옮기면서 그의 효심으로 풍수지리 공부에 정진한 것이다.

　　정조대왕의 효심을 엿볼 수 있는 재미있는 이야기가 있다.

　　융능(정조의 아버지 사도세자의 묘)을 지키던 능참봉이 하루는 자다가 꿈을 꾸었는데, 그의 할아버지가 꿈에 나타나서 "지금 당장 능에 가서 엎드려 있으라"하고 호통을 치는 것이었다. 꿈을 깬 능참봉은 하도 이상해 할아버지가 시킨 대로 억수 같은 빗속에 능 앞에 가서 엎드렸다.
　　이때 궁에서 한 무관이 와 "너는 누구냐"하고 물었다.
　　"저는 능을 지키는 능참봉이오"라고 답하자 그 무관은 "당신의 선왕에 대한 충성심이 당신 목숨을 구했구나"하고 가더라는 것이다.

사도세자의 묘 융릉. 정조는 아버지 사도세자를 장헌세자로 추존하고
경기도 양주 배봉산에 있던 묘를 지금의 자리로 이장했다. 본인도 죽은 후
그 곁에 묻혔다.

이 무관은 천둥과 번개가 치는 억수 같은 빗속에 아버지 생각에
잠 못 이루던 정조가 보낸 사람이었다.

"내 아버지는 이 빗속에 차가운 무덤 속에 계시는데 능참봉이란
놈은 필시 따뜻한 아랫목에 있을 것이다"라고 생각하고 "당장 융능
에 가서 능참봉이 아랫목에 자고 있으면 목을 베어 오라"라고 시켰
다는 것이다.

아버지를 그리워했던 정조에 얽힌 이야기이다.

정조는 왕위를 선위하고 난 후에는 어머니 혜경궁 홍씨를 모시고

아버지의 능침이 있는 화성에 머무르고자 했다. 화성행궁에는 정조가 노후를 꿈꾸며 지었다는 노래당(老來堂)이 있다.

정조는 화성 밑에 행궁을 지어놓고 아버지의 산소를 수시로 찾았다.

정조가 수원을 왔다 한양으로 돌아갈 때면 수원을 벗어나는 지지대고개(현재 수원과 의왕 사이의 야트막한 고개)에서 몇 발짝 가다 뒤돌아보고, 또 몇 발짝 가다 뒤돌아보며 아버지를 그리워했다.

그래서 이 고개를 매우 더디 넘었는데 후세 사람들은 이 고개의 이름을 더딜 지(遲)자를 써서 지지대(遲遲臺)라고 명명했다.

이때 지지대 고개를 넘으며 쉬어가는 정조 임금의 얼굴을 한 번이라도 보겠다고, 임금의 행차가 있을 때면 인근에 사는 백성들이 구름처럼 몰려들었다.

화성에 사는 어떤 효자가 늙은 어머니를 지게에 태우고 와서는, 많은 사람들 사이에서 앞으로 나아가지 못하고 어머니를 지게에 무등 태워 임금님 얼굴을 보여 드리고 있었다.

멀리서 이 광경을 보고 이상히 여긴 임금이 이 효자를 가까이 부르게 한 후 사연을 듣고는 효심에 감동하여 큰 상을 내렸다. 그런데 이 이야기를 전해 들은 인근의 소문난 불효자 한 사람이, 자기도 상을 타겠다고 다음번 임금 행차 때 병든 어머니를 억지로 모시고 와서는 똑같은 광경을 연출했다. 임금이 이 사람을 불러 또 상을 내리

화성 행궁의 정전인 봉수당. 1795년 정조는 어머니 혜경궁의 회갑연
진찬례를 여기서 거행하였다.

려 하자 주위 사람들이 이구동성으로 그 자의 불효를 아뢰었으나,
정조 대왕은 상으로 쌀 한 가마를 내렸다.

그러면서 "효(孝)란 흉내만 내도 좋은 것이다"라고 했다 한다.

오랜 세월이 지났지만 정조대왕의 남다른 효심 앞에 절로 고개가
숙여진다.

수원에는 효(孝)를 상징하는 시설물들이 더러 있는데 화성이 있
는 팔달산 정상에는 '효원(孝園)의 종'이 있다. 첫 번째 타종은 부모님
은혜에 감사하고, 두 번째는 가족의 건강과 화목을 빌며, 세 번째는
자신의 발전과 소원성취를 기원하며 타종한다고 한다.

8. 충성스러운 개를 기리는
임실 오수의 의견비(義犬碑)

　임실에서 남원 쪽으로 내려가는 길목에 임실군 오수면이 있다. 개 오(獒)자와 나무 수(樹)자를 써서 지명이 오수(獒樹)이다. 개와 관련된 지명을 가진 고장답게 의견(義犬) 공원도 있고 의견비(義犬碑)도 세워져 있다. 드물게 보는 반려견 쉼터와 애견 훈련장이 있는가 하면, 다리 이름도 의견교이고 교각도 개의 형상이다. 심지어 인근 공중화장실에도 개의 그림이 그려져 있다.

　오수라는 지명은 이 고장에 구전되어 온 전설과 관련되어 '보은의 개'라는 뜻을 지니고 있다. 목숨을 바쳐 주인을 구한 개의 충성심과 의리를 기리기 위해 오수를 지명으로 쓴다. 오수시장 옆 원동산 공원에는 의견비와 개의 동상이 세워져 있다.

목숨을 바쳐 주인을 구한 개의 충성심과 의리를 기리기 위해 세운 원동산
공원의 의견상.

　가족의 형태가 분화되고 1인 가구가 늘어나면서 현대인들은 고
독을 해소하기 위한 방편으로, 개나 고양이와 같은 애완동물을 가
까이 두고 정서적으로 의지한다. 그 이름도 이제는 애완동물이 아
닌 반려동물이라 부르며 마치 가족처럼 보살핀다. 개를 식구처럼 여
기며 이름도 지어주고 사람보다 더 살뜰히 대한다. 동네마다 동물병
원들이 성업 중이고 수의사라는 직업이 각광받는 직군으로 부상했
다. 반려동물 1,000만 시대를 맞아 가장 선호하는 동물은 단연 개
다. 개는 사람을 잘 따르고 영리하여 주인을 지켜주기도 하는 충성

스러운 동물이기 때문이다.

다른 동물보다 후각과 청각이 발달하여 냄새를 잘 맡으며 귀가 밝고 용맹스러워 사냥이나 군견으로도 쓰인다. 특히 진돗개는 주인에 대한 충성심과 복종심이 강하며 뛰어난 귀소본능으로 유명하다. 실제로 1993년, 진도에서 대전으로 팔려간 5살짜리 진돗개는 목줄을 끊고 도망쳐 300여 km나 떨어진 옛 주인집 진도로 되돌아오기도 했다. 첫 정을 준 주인을 오랫동안 잊지 못한다고 한다. 개는 야생동물 가운데 가장 먼저 가축화된 동물로 주인에게 충직하여 충견·의견의 설화가 많이 전해온다.

오수의 의견 이야기는 초등학교 교과서에도 실렸던 대표적인 의견 설화이다. 의견 설화는 우리나라 전역에 걸쳐 있는데 유독 전북지방에 많다. 이는 오래전부터 전해 내려온 오수 의견 설화의 영향을 받은 것으로 추측되며 이후 전국으로 퍼져나간 것으로 보인다.

오수 의견비는 목숨을 바쳐 주인을 살린 충성스러운 개를 기리는 비석이다. 여러 문헌에 실려 있는데 고려시대 최자(崔滋)가 지은 보한집(補閑集)에 다음과 같이 기록되어 있다.

"옛날 통일신라 때 김개인이라는 사람이 살았다. 그는 개를 매우 사랑하여 어디를 가든지 데리고 다녔다. 어느 날 장을 보러갔다 돌아오는 길에 술에 취해 길가 풀밭에서 잠이 들었는데, 그때 들불이

의견비각. 냇가에 방치되어 있던 비석을 지역의 유지들이 1939년 현
위치로 옮겨 놓은 후 비각을 세우고 주위를 단장하여 공원화했다.

나 김개인 주변으로 타들어오고 있었다. 개는 술에 곯아떨어진 주
인을 깨우기 위해 큰소리로 짖고 흔들어댔으나 소용이 없었다. 위험
을 직감한 개는 냇가로 가서 자기 몸에 물을 적셔와 주위의 잔디를
축여 불을 끄고 주인을 살렸다. 그리고 자신은 지쳐 불에 타 죽었
다. 잠에서 깨어난 주인은 뒤늦게 모든 상황을 짐작하고 개의 충성
심에 감탄하여 무덤을 만들어 주고 자신의 지팡이를 꽂아 두었다.
얼마 후 지팡이에 싹이 돋아 큰 나무로 자랐다. 이 나무를 '오수(獒
樹)'라 이름 붙이고 마을 이름도 '오수'라 불렀다.”

오수 의견비 전면에서 탁본한 개 문양. (출처: 네이버 블로그 '쏠쏠한 일상')

1982년 군(郡)나무로 지정되어 보호되고 있는 원동산 공원의 오수는 수령 500여 년에 높이 18m, 둘레 5m나 된다.

후에 동네 사람들이 목숨을 바쳐 주인을 살린 개의 충성심을 오래도록 기리기 위해 비를 세웠다. 오랜 세월의 풍파로 마모되어 현재 비석의 글씨는 애석하게도 알아보기가 어렵다. 전라북도 민속자료 제1호로 지정되어 있는 의견비는 관리가 제대로 되지 않았었다. 아무렇게나 냇가에 방치되어 있던 것을 지역의 유지들이 뜻을 모아

매년 봄이면 의견문화제가 열린다. 의견문화제에는 충견을 형상화한
가장행렬·우수견 초청 묘기대회·의로운 개 시상 등 다양한 행사가
펼쳐진다.(출처: 네이버 블로그 '청솔객')

1939년 현 위치로 옮겨 놓은 후 비각을 세우고 주위를 단장하여 공
원화했다.

  비록 동물의 이야기지만 인간사회에서도 믿음과 의리가 사라져
가는 오늘날 잔잔한 감동을 주는 귀중한 민속자료이다. 오수면에서
는 충견의 넋을 위로하고 지역민의 화합을 도모하며, 세계적인 명
견 명소로 오수를 널리 알리고자 매년 봄 '의견문화제'를 열고 있다.
'의견문화제'에는 충견을 형상화한 가장행렬·농악공연·전국 개 달리기 대회·예쁜 개 못 생긴 개 선발대회·우수견 초청 묘기대회·의로운 개 시상 등 그야말로 한바탕 개~판이 펼쳐진다.

아이러니한 것은 고장의 명칭을 '오수'로 하고 개를 주제로 한 마케팅에 열중하면서도, 얼마 전까지 의견비가 서 있는 원동산 공원 바로 앞에 맛집으로 소문난 보신탕 집(신포집)이 성업 중이었다. 최근에 정비사업을 벌이면서 지역 이미지에 맞지 않는다는 주민들의 의견이 반영되어 이제 신포집도 간판을 내렸다.

충북 음성에 가면 조선 세조 때의 정란공신 권람의 묘 언저리에 그가 생전에 기르던 개의 무덤 충견총이 있다. 그 개는 권람이 들불로 생명이 위급할 때 그를 구출하였고 권람이 죽자 낙루단식하며 순사 했다고 한다.

파주 윤관 장군 묘 아래에는 생전에 그가 타던 애마의 무덤이 있다. 사람과 동물 사이에도 말이 통하지는 않지만 이심전심 끈끈한 정이 흐르고 의리가 맺힌다.

9. 장례문화의 변화,
이제는 자연장이다

　인간은 동물이면서 짐승과 다른 풍습이 있는데 그중 하나는 부모가 죽으면 땅에 묻는다는 것이다. 인류가 오랫동안 선호한 장례법은 땅에 파묻는 매장(埋葬)과 불에 태우는 화장(火葬)이었다. 아마도 위생적인 부분이 크게 고려되었을 것으로 보인다. 장례문화는 지역과 문화권에 따라 달라지는데 매장지가 부족하거나 화장에 필요한 나무를 구하기 어려운 곳에서는 풍장(風葬)이나 수장(水葬)을 하기도 한다.

　천장(天葬)·조장(鳥葬)이라고도 하는 풍장은 중국 티베트의 장례풍습이다. 시체를 바위나 나무 위에 그대로 두어 독수리·산짐승들

소유보다 더 큰 무소유의 힘을 가르쳐 주신 법정스님 다비식.(출처: 네이버
블로그 'freewind123')

이 먹게 하고, 시간과 바람에 의해 자연으로 돌아가게 한다. 뼈는 부
수어서 가루로 만들어 보릿가루와 버무려 새에게 준다. 새에게 주는
건 하늘로 승천한다는 의미이다.

　우리나라의 서·남해안에 남아있는 초장(草葬)도 풍장의 일종이
다. 섬 주위 무인도에 주검을 버려두어 비바람에 자연히 없어지게
한다. 좁은 땅은 농사를 지어야 했으므로 묘지로 사용할 토지가 없
어 생긴 서글픈 풍습이다. 지역에 따라서는 3년 정도의 기간이 지난

대왕암 : 경주 문무왕의 수중릉인 대왕암은 수장의 일종이다.
우리나라에서도 옛날 해안이나 섬에서 수장을 했던 것으로 추정되지만
문헌으로 남아 있는 것은 없다.

후 육탈이 되고 나면 뼈를 골라 시루에 쪄서 땅에 묻기도 한다.

　수장은 가장 손쉬운 장례방법의 하나이다. 인도 사람들은 그들
이 신성시하는 바라나시 갠지스강에 수장도 하고 화장해 뿌리기도
한다. 만년설에 뒤덮인 히말라야에서 발원해 끝없는 계곡을 따라
내려오는 깨끗한 물이 갠지스강이다. 성스러운 갠지스 강물에서 영
혼이 속죄 받는다고 생각하며, 순수하다고 믿는 주검을 여기에 수

장한다. 그리고 이 물에서 목욕하고 빨래하고 고기도 잡는다. 여름날에는 시신이 둥둥 떠오르기도 한다. 수장한 시체를 수거해 밀반출하는 인도의 유골 수출은 한때 암거래가 성행하기도 했다.

죽어서도 바다의 용이 되어 신라를 지키겠다는 신라 문무왕의 수중릉인 대왕암 역시 수장의 일종이다. 문무대왕릉은 해안에서 200m 정도 떨어진 자연바위를 이용하여 수장하였다. 우리나라에서도 옛날 해안마을이나 섬에서 수장을 했던 것으로 추정되지만 문헌으로 남아 있는 것은 없다. 오늘날에도 해전(海戰) 또는 항해 중 사망자가 발생하면 선장의 직권으로 수장하는 관행이 남아 있다.

생활이 윤택해질수록 삶의 마지막인 죽음에 대한 관심이 높아진다. 바야흐로 웰빙을 넘어 웰다잉이 중요해졌다. 죽음을 단순히 상실이 아닌 삶의 마무리, 사는 것만큼이나 중요한 삶의 끝맺음으로 생각하게 된 것이다. 그런 의미에서 장례란 마지막 여행을 떠나는 이의 앞길을 밝혀주는 아름다운 의식이다.

우리의 전통 장례문화가 사회구조의 변화와 함께 급속하게 변화하고 있다. 불과 20여 년 전까지만 해도 극히 제한적이었던 화장 문화가 이제는 대세로 자리 잡았다. 보건복지부 자료에 의하면 2020년 말 우리나라의 화장률은 89.7%에 이른다.

화장 후 유골은 봉안당으로 모시는 것이 일반적이었는데 이제 유

천리포수목원 설립자인 민병갈 박사가 2002년 우리나라 최초 수목장으로
모셔졌다.

골의 안치 장소도 바뀌고 있다. 답답한 실내에서 벗어나 옥외의 봉
안담이나 봉안묘로 옮겨지더니, 이제는 화장 후 수목장이나 잔디장,
화초장 같은 자연장(Natural Burials)으로 옮겨가고 있다.

수목장의 유래는 세계적으로도 그리 오래되지 않았다. 1999년
스위스, 2000년 독일에서 시작되었다고 하니 불과 20여 년 밖에
안 된 장례문화이다. 우리나라에서도 2004년 고려대학교 농과대
학의 김장수 교수가 처음으로 수목장으로 모셔졌다고 알려져 있다.
그러나 그보다 먼저 천리포수목원 설립자인 민병갈 박사가 2002년
수목장으로 모셔졌다.

우리나라는 전통적으로 사람이 죽으면 주로 매장을 해서 전국에
약 2000만 기의 분묘가 산재해 있다. 분묘가 차지하는 면적은 전

국토의 1%에 해당하는 약 10만 ha 정도로 이는 전국 주택면적의 절반에 해당될 정도다.

산림훼손이나 국토의 효율적 활용에 대한 문제가 사회문제화되면서, 자연스럽게 화장 후 봉안당으로 모셔지는 것이 대안으로 떠올랐었다. 하지만 전통적으로 매장을 해왔던 우리의 정서와는 거리가 있고 봉안당도 포화상태에 이르고 있다.

수목장은 화장한 유골을 나무 주위에 묻는, 자연으로 돌아가 자연과 함께 영원히 상생하는, 자연친화적인 장례문화로 최근 새로운 트렌드로 떠오르고 있다. 선사시대부터 삼국시대까지 주류를 이뤘던 매장이 고려 시대는 화장으로 변했다가, 조선시대 이후 다시 매장으로 돌아왔다. 그리고 이제 다시 화장으로 돌아가고 수목장 등 새로운 장묘문화가 대두되고 있다.

아직 화장 문화가 정착되지 않았던 1990년대 말 SK 고 최종현 회장이, 매장으로 훼손되는 산림을 보면서 안타까운 마음에 유언으로 화장을 한다. 이는 사회지도층 인사의 솔선수범으로, 화장에 대한 일반의 거부감이 상당 부분 불식되고 화장 문화가 급속도로 확산되는 계기가 되었다.

SK 최태원 회장은 2008년 고 최종현 회장의 10주기 추도식에서 화장 후 선영에 안치된 최종현 선대회장의 유해를 수목장으로 모시겠다고 발표했는데, 아마 선산 어딘가에 수목장으로 모셔져 있으리라 본다. 생전에 숲과 나무를 사랑했던 선친의 뜻을 받든 것이다.

SK그룹은 장묘문화 개선을 강조하며 화장을 선택했던 고 최종현 회장의 유지에 따라 500억 원을 들여 화장장을 비롯한 장례시설을 조성, 세종시에 기부했다. 이것이 2010년 문을 연 은하수공원이다. 장례식장·화장장·봉안당 등을 갖춘 '장례문화센터'와 수목장·잔디장·화초장 등으로 꾸며진 '자연장지'로 구성되어 있으며 전체면적은 약 11만여 평에 달한다.

기업의 목적인 이윤추구와 함께 사회적 가치를 중시하는 SK그룹은 장례문화를 선도하는 ESG경영(환경·사회적 책임·투명경영)에도 앞장서는 기업이다.

2018년 작고한 LG그룹의 고 구본무 회장도 화장 후 곤지암의 화담 숲에 수목장으로 안치되었다. 생전에 자연을 아끼고 나무를 사랑했던 분으로 화담 숲은 생전에 고인이 가꾼, 고인의 아호를 딴 수목원이다. 나무와 숲을 사랑했던 대로 사후에도 수목장을 실천해 자연친화적 장례문화에 대한 국민의 관심을 고조시키고 있다.

수목장은 인구증가에 따른 묘지 부족 문제를 해결하고, 국토를 효율적으로 활용할 수 있는 방법이기도 하다. 또 관리의 효율성과 매장묘 대비 저렴한 비용으로 꾸준히 그 수요가 늘어 갈 것으로 보인다. 수목장에 쓰이는 나무는 주로 소나무·잣나무·굴참나무 등이

LG그룹의 고 구본무 회장은 곤지암의 화담 숲에 수목장으로 안치되었다.
화담 숲은 생전에 고인이 가꾼, 고인의 아호를 딴 수목원이다.

며 부부목·가족목·공동목 등 다양한 형태로 분양된다. 장묘의 겉
치레에서 벗어나 나무와 함께 상생하고 또 다른 생명으로 되돌아오
는, 철학적 의미가 담긴 장례방법으로 최근 그 확산속도가 매우 빠
르다.

　다만 풍수적 요소가 결여된 입지선정이나, 나무의 생육 공간도
제대로 확보하지 못한 땅을 턱없이 높게 분양하는 상혼이 판치는
것은 안타까운 일이다.

정부도 변화해 가는 장례문화에 적극 대처하고 있으나 아직은 미흡한 수준이다. 2009년 개장한 국내 유일의 국립 수목장림인 양평의 하늘숲 추모원은 두 차례에 걸쳐 분양면적을 확대했음에도 급증하는 수요로 인해 2022년이면 만장이 예상된다고 한다. 이에 따라 충남 보령에 제2의 국립 수목장림 '기억의 숲'을 조성 중이다.